LE NOUVEAU DELF B1

DIPLÔME D'ÉTUDES EN LANGUE FRANÇAISE

정일영 지음

신아사

저자 정일영

인하대 불어불문학과 졸업
프랑스 파리 8대학 대학원 졸업
프랑스 파리 8대학 박사준비과정 수료
언어학 박사학위 취득
현재 인하대학교 출강, 충북대학교 출강
EBS 수능 프랑스어 강의
저서 프랑스어 문법(공저)
프랑스어 말소리 갈(공저)
디지털로 배우는 프랑스어 회화
(Rendez-vous avec le français)
대학 프랑스어 회화
프랑스어능력시험(DELF) A1, A2
프랑스어능력시험(DELF) A1-Junior, A2-Junior
프랑스어능력시험(DELF) B2
기초 프랑스어
생활속의 프랑스어 회화
삐딱이가 본 삐딱한 세상(수필)
똥찌개와 까까(수필)
오르세 미술관
루브르 박물관

LE NOUVEAU DELF B1

1판 1쇄 찍음 • 2007년 3월 25일
1판 3쇄 펴냄 • 2010년 5월 25일

저 자 • 정 일 영
발행인 • 정 현 걸
발 행 • 신 아 사
인 쇄 • 남양인쇄

출판등록 • 1956년 1월 5일 (제9-52호)
서울특별시 은평구 녹번동 28-36 2F
전화 (02)382-6411 • 팩스 (02)382-6401
홈페이지 • www.shinasa.co.kr
E-mail • shinasa@chol.com

ISBN 978-89-8396-555-4

정가 17,000원(CD포함)

머리말

이 책은 프랑스어 능력인증 시험의 여러 단계 중 DELF B1을 준비하는 학생들을 위한 것이다. DELF A1이나 A2와는 달리 B1에 관련된 책을 쓰려고 할 때 많이 망설였던 것이 사실이다. 그 이유는 무엇보다도 예상문제에 관한 확신 때문이었다. A1과 A2의 경우, 듣기 평가를 비롯하여 다양한 문제 유형에 대해 시험에 나올 수 있는 가능성을 어느 정도 예상할 수 있는 반면, B1은 문제의 유형을 예측하기가 정말 어렵다는 것이다. 듣기 평가의 경우, A1과 A2와는 달리 대화의 주제 설정에 있어 매우 다양하고 또 대화 내용 역시 길다는 것이 그 특징이기 때문에 문제를 예측하기란 거의 불가능하다 할 수 있다. 또한 독해의 경우도 그 주제가 사회, 경제, 문화, 예능 등 너무도 다양하고 또 어느 기사 혹은 방송의 일부를 발췌 하는지에 대해 전혀 감을 잡을 수 없는 것 또한 사실이다. 이러한 어려움에도 불구하고 DELF B1을 준비하는 학생들이 시험에 대한 감각이나 문제 유형에 적응하게 하기 위해 많은 망설임 끝에 이 책을 쓰기로 결정하였다. 이 책의 특징은 다음과 같다.

- 실전 감각을 익히기 위해 실전문제와 유사한 순서를 택하였다.

A1과 A2의 구성과는 달리 듣기평가, 독해, 쓰기, 말하기의 어순을 시험 문제 유형의 어순과 동일하게 구성하였다.

- 구체적인 어휘의 설명 보다는 난이도가 있는 문법 위주로 구성하였다.

A1과 A2의 경우 각 지문이나 대화체에 나오는 어휘나 문법 또는 표현을 일일이 다 설명하였으나 B1의 경우는 단계의 난이도를 고려하여 지문이나 대화체의 내용은 해석으로 일관하는 반면 그와 관련된 중요한 문법사항을 정리하였다. 또한 문법사항이나 어휘들 중 일부를 반복하여 눈에 익도록 하였다.

- 예상도의 적중을 높이려 하였다.

듣기평가의 경우 시사에 관련된 문제는 프랑스의 라디오 방송의 대표격인 France Info의 내용을 중심으로 구성하였다. 대화체의 주제와 관련해서도 시험문제로 출제될 수 있는 가능성이 있는 내용으로 짜여져 있다. 독해 문제의 경우 가장 최근에 프랑스에서 관심의 대상이 되고 있는 내용들을 프랑스의 유명 신문이나 잡지를 중심으로 선택하였다. 쓰기와 말하기의 경우는 B1의 예상문제를 중심으로 가능한 한 동일 혹은 유사한 내용을 수록하였다.

A1과 A2 그리고 A1과 A2 Junior를 쓸 때보다 훨씬 부담되는 작업으로 어려움이 많았던 것이 사실이지만 그래도 부족하나마 B1 시험을 준비하는 학생들이나 프랑스어에 대해 일정수준 이상의 실력을 갖춘 사람들에게 도움이 되었으면 하는 바램이다.

목차

두 번째 부분

세 번째 부분

1. 듣기 평가

2. 독해 평가

3. 작문 평가

4. 말하기 평가

네 번째 부분

CD목차

Track number	면 수	Track number	면 수
1	12	8	98
2	14-15	9	147
3	23	10	153
4	32	11	157
5	34	12	199-200
6	87-88	13	205
7	93	14	209

DELF B1의 전체 구성 분석

시험의 성격	시험 시간	점 수
듣기 평가 3개의 자료를 두 번 듣고 이에 관련된 사항들에 대한 질문을 통해 올바른 듣기가 이루어졌는지를 평가하는 문제 자료의 최대 시간 : 6분	25분 정도	25점 만점
독해 평가 글로 작성된 두 개의 자료를 보고 이와 관련된 질문에 답하는 유형의 문제 - 주어진 주제와 관련된 유용한 정보를 추출해 내기 - 주어진 자료의 내용을 분석하기	35분	
쓰기 평가 일반적인 주제에 대한 개인적인 생각이타 태도를 표현하는 유형의 문제 - 수필 - 엽서 또는 우편 - 기사	45분	
구어 평가 세부분으로 구성되어 평가된다. - 감독관의 질문에 대한 답변으로 이루어지는 유형 - 감독관과 주어진 상황을 가지고 서로 대화하는 유형 - 주어진 자료로부터 자신의 의견을 표현하는 유형	대략 15분 : 3번째 유형은 10분에 걸쳐 준비	

* 유의사항
- 시험에 통과하기 위해서는 100점 만점에 50점 이상을 받아야 한다. (각 평가에서 25점)
- 만점에 최하 5점 이상을 받아야 한다.
- 총 시간은 1시간 45분이다.

1

1. 듣기 평가
Document 1 : 여행을 주제로 한 대화체 문장 유형
Document 2 : 여행정보에 관한 안내 방송
Document 3 : 프랑스 파리에 대한 최근 화제에 관한 방송

2. 독해 평가
Exercice 1 : 요리학교에 관련된 내용
Exercice 2 : 레바논 사태에 관련된 기사 내용

3. 작문평가
최근 한국에서 가장 변화한 사항에 대한 작문 (인터넷의 발전과 장단점)

4. 말하기 평가
Exercice 1 : 자신의 직업에 관련된 앞으로의 계획에 대한 발표와 질의 응답
Exercice 2 : 뜻하지 않은 상황에 접했을 때의 대화 (기차 안에서)
Exercice 3 : 특별한 주제에 관련된 기사를 읽고 자신의 의견을 요약 발표하는 동 시에 이와 관련된 내용의 질의응답 (외국 자격증의 의사 차별 문제)

첫 번째 부분

Partie 1

Compréhension de l'oral

– 여행, 계획 등과 관련된 주제의 대화체의 내용을 듣고 이에 관련된 질문에 답하는 유형

– 휴가 또는 방학을 맞이하여 국내 또는 국제 여행을 하는 경우 이에 관련된 사항들 (교통비용, 숙박비용 등)에 대한 유의사항과 관련된 정보 내용

– 여행하고자 하는 목적지에 간략한 설명과 주의사항에 관련된 자료 또는 정보를 제공하는 안내 형식의 방송

◆ Consignes

Vous allez entendre trois documents sonores, correspondant à des situations différentes. Pour le premier et le deuxième document, vous aurez :

- 30 secondes pour lire des questions ;
- une première écoute, puis 30 secondes de pause pour commencer à répondre aux questions :
- une deuxième écoute, puis 1 minute de pause pour compléter vos réponses.

Répondez aux questions, en cochant (☒) la bonne réponse, ou en écrivant les informa- tions demandées.

◆ Conversation

Document 1

1. Quel était le principal inconvénient du voyage pour Xavier?
   - ☐ La nourriture.
   - ☐ La chaleur.
   - ☐ La neige.

2. Combien d'endroits Xavier a-t-il visité à Séoul?
   - ☐ Deux.
   - ☐ Trois.
   - ☐ Quatre.

3. Qu'est-ce qu'il pense de la nourriture coréenne?
   - ☐ Il ne l'aime pas.
   - ☐ Il le déteste.
   - ☐ Il l'aime beaucoup.

4. Xavier pense que beaucoup de coréens sont :
   - ☐ beaux.
   - ☐ gentils.
   - ☐ orgueilleux.

문제 유형에 대한 해석과

◆ Consignes [지시사항]

Vous allez entendre trois documents sonores, correspondant à des situations différentes. Pour le premier et le deuxième document, vous aurez :
[당신은 다른 상황에 해당하는 세 개의 자료를 듣게 될 것입니다. 첫 번째와 두 번째 자료에서 당신은 :

- 30 secondes pour lire des questions ; [질문을 읽는데 30초]
- une première écoute, puis 30 secondes de pause pour commencer à répondre aux questions : [첫 번째 듣기의 경우 질문에 답하기 위해 30초]
- une deuxième écoute, puis 1 minute de pause pour compléter vos réponses. [두 번째 듣기와 답변을 완성하기 위해 1분의 시간]

Répondez aux questions, en cochant (☒) la bonne réponse, ou en écrivant lesinformations demandées.
[올바른 답에 ☒를 하거나 주어진 정보를 적으면서 질문에 답하시오]

해 석

– Salut, Xavier! Je t'ai téléphoné la semaine dernière, mais il n'y avait personne chez toi. Où étais-tu?
[안녕, 자비에! 지난주에 내가 너에게 전화를 했는데 너희 집에 아무도 없더라. 어디 있었니?]
– Salut, Juliette. je suis parti en voyage et j'étais à Séoul.
[안녕, 줄리엣. 여행을 떠나서 서울에 있었어]
– Ah bon? C'était comment, voyage? Ça s'est bien passé?
[아 그래? 여행은 어땠어? 잘 보낸 거야?]
– C'était pas mal, sauf la chaleur et la pluie. Il a fait tellement chaud qu'on n'a pas pu respirer.
[나쁘지 않았어, 단지 더위하고 비만 빼면 말이야. 너무 더워서 숨을 쉴 수가 없었어]
– À ce point-là?
[그 정도까지?]
– Attends, ce n'était pas tout. Il a plu pendant toute la durée du voyage.
[기다려봐, 그게 다가 아니야. 여행 내내 비가 왔어]
– Et tu n'as pas eu de problème par rapport à la nourriture? La cuisine coréenne est tout à fait différente de la cuisine française.
[먹는 것은 문제가 없었니? 한국 음식은 프랑스의 음식과 완전히 다르잖아]
– Non j'ai bien aimé la cuisine coréenne. J'ai surtout aimé le Boulgogi.
[한국 음식은 비교적 좋았어. 특히 불고기를 아주 좋아했지]
– Et tu as visité beaucoup d'endroits intéressants?
[많은 흥미로운 장소를 방문했니?]
– Ah oui. Tout d'abord, j'ai visité le Palais Duksou. c'ést un ancien palais où le roi vivait l'autrefois. Il y avait aussi une exposition des tableaux folkloriques. Et puis, je suis allé à Insadong. C'est un quartier très intéressant et j'ai pu y trouver beaucoup de choses typiques coréennes comme Tal par exemple.

[응. 무엇보다도 덕수궁을 방문했어. 옛날 왕이 살던 이전 궁전이었어. 또한 그곳에서는 민속화 전시회가 있었지. 그리고 인사동에 갔었어. 아주 흥미로운 동네였는데 탈과 같은 한국의 전형적인 물건들을 많이 발견했어]

– Et les coréens? Ils étaient comment?
[한국 사람들은? 그들은 어땠어?]

– Ah, la plupart des coréens étaient gentils et sympas. Et j'ai rencontré beaucoup de jeunes. On s'ententait très bien.
[대부분의 한국사람들은 친절하고 상냥했어. 그리고 많은 한국 젊은이들을 만났고. 우린 아주 잘 어울렸어]

– Et je pense quand meme que tu as dû content de rentrer à la maison, après tout ça...
[그래도 집에 돌아온 것에 만족하지...]

– Tu as raison. Pour moi, c'est la première fois que j'ai quitté la France et ma famille. C'était une bonne occasion pour moi de me rappeler l'importance de ma famille.
[네가 옳아. 나로서는 프랑스와 내 가족을 떠났던 것이 처음이었거든. 나한테는 가족의 소중함을 상기시켜 주는 좋은 기회였어]

주요사항

1. 직접과 간접목적보어 인칭대명사

1) 직접목적보어 인칭대명사

		단 수	복 수
1인칭		me	nous
2인칭		te	vous
3인칭	남 성	le	les
	여 성	la	

me, te, le, la는 모음 앞에서 발음상의 이유로 인해 m', t', l' 로 축약된다:

Tu aimes Paul? Oui. je l'adore.
[너 뽈을 좋아하니?] [응, 그를 아주 좋아해]

a) 직접목적보어 인칭 대명사는 항상 동사 앞에 위치한다.

Je regarde la télé. [나는 TV를 본다]→ Je la regarde.
Je déteste le football. [나는 축구를 아주 싫어한다]→ Je le déteste.

b) me, te, nous, vous는 사람을 나타내는 반면, le, la, les는 사람 혹은 사물을 나타낸다:

Je te présente Marie. [너에게 마리를 소개할 께]
Il m'a invité au dîner. [그가 나를 저녁 식사에 초대했어]
Tu connais Jean? [너 장을 아니?]
– Oui. je le connais bien. [응, 나는 그를 잘 알아 : 사람]
Tu as trouvé un appartement?[너 아파트 구했니?]
– Oui, je l'ai trouvé hier. [응, 그것을 어제 구했어 : 사물]

le, la, les는 다음의 요소들을 대체할 수 있다.

– 정관사, 소유형용사, 지시형용사가 선행하는 한정 보통명사

Tu as lu le dernier livre de Jean? Oui. je l'ai lu.
[너 장의 최근 책을 읽었니?] [응, 그것을 읽었어]

Vous voulez réserver votre place maintenant?
[당신의 자리를 지금 예약하시겠어요?]

– Non, je la réserverai demain. [아니, 자리를 내일 예약할께요]

J'ai acheté cette robe au magasin. [이 옷을 상점에서 샀어]

– Je la trouve très bien. [아주 좋은데]

– 문맥이나 상황에 의해 한정되는 보통명사

Vous avez une carte d'identité? [당신 신분증 있으세요?]

– Non, je l'ai laissée chez moi. [아니오. 집에 두고 왔어요]

– 고유명사

Tu as trouvé Paul? Non, je ne l'ai pas encore trouvé.
[너 뽈을 찾았니?] [아니, 그를 아직 찾지 못했어]

– 복합시제의 3인칭(le, la, les)의 경우는 과거분사의 성과 수의 일치에 주의해야 한다.

Tu as rencontré la femme de Paul? Oui. je l'ai rencontrée.
[너 뽈의 부인을 만나봤니?] [응, 그녀를 만났어]

Vous voulez ces cadeaux? Oui, je les veux bien.
[당신 이 선물을 원하세요?] [예, 원합니다]

Vous voulez des cadeaux? Oui, j'en veux vraiment.
[당신 선물을 원하세요?] [예, 정말로 원해요]

2) 간접목적보어 인칭대명사

		단 수	복 수
1인칭		me	nous
2인칭		te	vous
3인칭	남 성	lui	leur
	여 성		

a) 간접목적보어 인칭대명사는 항상 사람을 나타내며 거의 동사 앞에 위치한다.

Tu téléphones souvent à Paul? [너 뽈에게 자주 전화하니?]

Oui. je lui téléphone tous les jours. [응, 그에게 매일 전화해]

b) 직접목적보어 인칭대명사는 달리, 간접목적보어 인칭대명사 3인칭의 경우 성의 구분이 없다 :

Elle écrit une lettre à Jean. = Elle lui écrit une lettre.

[그녀는 장에게 편지를 쓴다]

Elle écrit une lettre à Isabelle. = Elle lui écrit une lettre.

Paul téléphone à ses filles. = Il leur téléphone.

Paul parle à ses fils. = Il leur parle.

3) 반과거(l'imparfait)

Je	-ais	Nous	-ions
Tu	-ais	Vous	-iez
Il, Elle	-ait	Ils, Elles	-aient

– 과거에서 지속성을 갖는 사건이나 사실

Autrefois, les forêts couvraient la plus grande partie de l'Europe.

[옛날에, 숲들은 유럽의 대부분을 덮고 있었다]

– 과거에 사건들을 기술하는 경우

C'était une soirée amusante : on criait, on dansait.

[재미있는 저녁 무도회였다 ; 우린 소리쳤고 춤을 췄다]

– 과거의 반복이나 습관적인 사실

Autrefois, il venait me voir.

[옛날에, 그는 나를 보러 오곤했다]

– 조건법과 함께 si 뒤에 쓰여, 현실적으로 불가능한 사실을 나타낸다.

Si j'étais plus jeune, je vous accompagnerais.

[내가 더 젊었더라면, 당신과 함께 갔을텐데]

4) 복합과거(le passé composé) : avoir, être 현재+과거분사

– 말을 하는 순간에 완료된 행위

Et ton travail? Je l'ai fini.

[너 일은?] [끝냈어]

– 현재와 관련하여 과거의 한 순간에 삽입되는 행위

Il a dîné à six heures, et il est parti à sept heures.
[그는 6시에 저녁을 먹고, 7시에 떠났다]

– 최근에 일어난 일

J'ai reçu ce matin une lettte de Paul.
[나는 오늘 아침 뽈의 편지 한장을 받았다]

5) 동사유형에 따른 과거분사의 형태

		원 형		과거분사
1군 동사	-é	aimer	[좋아하다]	aimé
		chanter	[노래하다]	chanté
		manger	[먹다]	mangé
2군 동사	-i	finir	[끝내다]	fini
		choisir	[선택하다]	choisi
		grossir	[살찌다]	grossi
3군 동사	-s	prendre	[잡다]	pris
	-é	aller	[가다]	allé
	-i	sortir	[외출하다]	sorti
	-u	boire	[마시다]	bu
		attendre	[기다리다]	attendu

6) 품질형용사

① 명사 뒤에 위치하는 형용사들

ⓐ 물질, 색깔, 형태 : un toit rouge [붉은 지붕]
une table ronde [둥근 탁자]

ⓑ 지리, 국적 : la zone tropicale [열대지역]
le drapeau français [프랑스 국기]

ⓒ 종교 : la morale chrétienne [기독교 정신]

ⓓ 과학 및 기술 : la bombe atomique [원자폭탄]

ⓔ 행정, 정치 : le parti socialiste [사회당]
ⓕ 예술 : la musique classique [고전음악]
le stylo roman [로마양식]

② 명사 앞에 위치하는 형용사들 : 주로 짧은 형용사들이 이에 해당한다.
ⓐ **beau** : un beau chapeau [아름다운 모자]
une belle robe [아름다운 옷]
ⓑ **bon** : un bon outil [좋은 연장] (un homme bon)
ⓒ **grand** : une grande ville [대도시]
ⓓ **gros** : une grosse pierre [큰 돌]
ⓔ **joli** : une jolie maison [예쁜 집]
ⓕ **long** : un long voyage [긴 여행]
ⓖ **mauvais** : la mauvaise conduite [나쁜 행동]
ⓗ **petit** : un petit homme [키가 작은 남자]

③ 위치에 따라 의미가 달라지는 형용사들
ⓐ **ancien** : une maison ancienne [낡은 집]
mon ancien ami [나의 오래된 친구]
ⓑ **brave** : un homme brave [용감한 남자]
un brave homme [정직한 남자]
ⓒ **pauvre** : une pauvre femme [가련한 여인]
une femme pauvre [불쌍한 여인]
ⓓ **certain** : un certain homme [어떤 남자]
une preuve certaine [확실한 증거]
ⓔ **propre** : une assiette propre [깨끗한 접시]
mon propre affaire [나만의 일]

정답

1. Quelle était le principal inconvénient du voyage de Xavier?
[자비에 여행에서 가장 달갑지 않은 것은 무엇이었는가?]
   - ☐ La nourriture. [음식]
   - ☒ La chaleur. [더위]
   - ☐ La neige. [눈]

2. Combien d'endroits a-t-il visité à Séoul? [그는 서울에서 몇 곳을 방문하였는가?]
   ☒ Deux. ☐ Trois. ☐ Quatre.

3. Qu'est-ce qu'il pense de la nourriture coréenne?
[그는 한국 음식에 대해 어떻게 생각하는가?]
   - ☐ Il ne l'aime pas.
   - ☐ Il le déteste.
   - ☒ Il l'aime beaucoup.

4. Xavier pense que beaucoup de coréens sont :
[자비에는 많은 한국사람들이 ____고 생각한다]
   - ☐ beaux. [잘 생겼다]
   - ☒ gentils. [친절하다]
   - ☐ orgueilleux. [거만하다]

◆ Emissions de radio et enregistrements

Document 2

1. Ce document est :
   - ☐ une publicité pour une agence immobiliére.
   - ☐ une annonce pour la promotion de voyage.
   - ☐ un document informatif pour le voyage.

2. Quel est le meilleur moyen pour voyager sans soucis?

   ____

3. Qu'est-ce qui se passera si on ne prépare pas bien avant de partir en voyage?
   - ☐ On peut perdre de l'argent.
   - ☐ On peut rater l'avion.
   - ☐ On peut gâcher les vacances.

4. Qui est Thierry Beaumont?
   - ☐ Spécialiste du voyage.
   - ☐ Spécialiste du marché de l'immobilier.
   - ☐ Spécialiste du marché de la voiture.

5. Il faut payer pour demander les informations à Thierry Beaumont :
   - ☐ Vrai
   - ☐ Faux
   - ☐ On ne sait pas

해 석

Vacances. Voyager sans soucis

Argent, 1santé, formalités, choix du voyagiste... pour voyager dans les meilleures conditions et partir l'esprit tranquille, rien ne vaut une solide préparation et de bonnes informations sur le marché, ses pratiques et ses astuces.

Avant de partir, pendant le voyage et au retour, de nombreux désagréments, si vous n'y prenez pas garde à l'avance, peuvent gâcher vos vacances. Le tour-opérateur que vous avez sélectionné est-il sérieux? Comment déceler d'éventuelles défaillances? Vous êtes à Istambul, où trouver l'adresse du consulat? Qui appeler si vous perdez vos cartes de crédit? Autant de questions auxquelles Thierry Beaumont, spécialiste du marché du voyage, répond gratuitement avec son expérience pour vous permettre de partir tranquille.

France-Info, Voyager sans soucis, 13 août 2006

[휴가. 걱정 없이 여행하기]

최고의 조건에서 여행을 하고 편안한 마음으로 출발하기 위한 여행자의 돈, 건강, 수속, 선택은 철저한 준비와 이 시장과 시장의 실제상황과 시장에서 일어나는 속임수 등에 대한 좋은 정보보다 더 좋은 것은 없습니다. 미리 철저하게 준비하지 않으면 떠나기 전이나 여행 중 또는 돌아오는 길에 겪게 되는 많은 불쾌한 일들로 인해 당신의 휴가를 망칠 수도 있습니다. 당신이 선택한 여행 알선업자는 진중합니까? 당신은 예상치 않은 문제가 발생하였을 때 어떻게 하시겠습니까? 당신이 이스탄불에 있다면 영사관의 주소는 어디입니까? 여행 시장의 전문가인 띠에리 보멍에게 질문을 하시면 당신이 편안하게 여행을 떠날 수 있도록 자신의 경험을 토대로 무료로 답변해 줄 것입니다.

주요사항

1. 전치사 sans의 용법

1) [대명사와 함께]

a) [-없이]

Mon enfant est sorti **sans** parapluie.
[내 아이가 우산도 없이 나갔어]

b) [부정을 나타내는 형용사구, 부사구]

Il ne viendra pas **sans** aucune doute.[그는 틀림없이 안 올꺼야]
Il pleut **sans** cesse. [끊임없이 비가 온다]

2) [부정법과 함께 : -함이 없이]

Elle est partie **sans** dire un mot.
[그녀는 말 한마디 없이 떠났어]
Je ne peux pas rester comme ça **sans** rien faire.
[아무 것도 안하고 이렇게 가만히 있을 수는 없어]

3) [sans que+접속법]

Sortez sans qu'on s'en aperçoive.
[아무도 모르게 나가세요]

2. 부분부정 (la négation partielle)

부분부정은 부정이 문장의 한 요소에만 관여하는 것으로서 제한 또는 제약의 의미를 갖는다.

1) ne ... rien 또는 rien ... ne

a) 부정대명사 (pronoms indéfinis)의 부정

Tu vois quelque chose? [뭐가 보이니?]	Non, je ne vois rien. [아니, 아무 것도 안보여]
Tu sais tout. [너 다 아는구나]	Mais non, je ne sais rien. [천만에, 아무 것도 몰라]

b) 질문에 대한 부정적인 답변

Vous comprenez? Non, je ne comprends rien.
[당신 이해했어요?] [아니오, 하나도 이해 못했어요]
Tu regrettes de ne pas faire ça? Non, je ne regrette rien.
[너 그것을 하지 않은 걸 후회하니?] [아니, 전혀 후회하지 않아]

▶ rien의 기능과 위치

a) 주어 : rien ne가 동사 앞에 위치한다.

Rien ne m'amuse.
[그 어떤 것도 나를 즐겁게 하지 않아]
Rien n'a changé depuis sa mort.
[그가 죽은 후에 아무 것도 달라진게 없어]

b) 직접목적보어

– 단순형태에서 ne rien은 동사 앞 뒤에 위치한다.

Que faites-vous? Je ne fais rien.
[무엇을 하고 있습니까?] [아무 것도 안해요]
Vous voulez quelque chose? Je ne veux rien.
[무엇을 원하십니까?] [아무 것도 원하지 않아요]

– 복합형태에서 ne rien은 조동사 앞 뒤에 위치한다.

Tu as tout mangé? Non, je n'ai rien mangé.
[너 다 먹었니?] [아니 아무 것도 먹지 않았어]

c) 간접목적보어

– ne ... à / de+rien에서 ne는 동사 앞에 위치하고 나머지는 단순형태 또는 복합형태의 동사 뒤에 위치한다.

À quoi pensez-vous? Je ne pense à rien.
[무엇에 대해 생각합니까?] [아무 생각도 안해요]
À quoi avez-vous pensé? Je n'ai pensé à rien.

2) ne – personne 또는 personne ne

ne – personne는 부정을 나타내는 부사인 ne+ 부정대명사인 personne의 결합형태로서 personne는 항상 사람을 나타낸다.

a) 부정대명사 (pronoms indéfinis)의 부정

– quelqu'un의 부정

Est-ce qu'il n'y a quelqu'un? Non, il n'y a personne.
[누구 계세요?] [아니오, 아무도 없어요]

Quelqu'un a répondu? Non, personne n'a répondu.
[누가 대답했어요?] [아니오, 아무도 대답을 하지 않았어요]

– tous의 부정

Ils aiment tous ce cinéma? Non, personne ne l'aime.
[그들은 모두 그 영화를 좋아했니?] [아니, 아무도 그 영화를 안 좋아해]

b) 한정되지 않은 표현에 대한 부정

– tout le monde의 부정

Tout le monde est content de ce résultat?
[모든 사람이 이 결과에 만족합니까?]

– Non, personne n'est content de ce résultat.
[아니오, 아무도 그 결과에 만족하지 않습니다]

– qui에 해당하는 질문에 대한 부정적인 답변

Qui veut partir avec lui? [그와 함께 떠나길 원하는 사람이 누구니?]
Personne ne veut partir avec lui. [아무도 그와 함께 떠나길 원치 않아]

▶ personne의 기능과 위치

a) 주어 : personne ne는 동사 앞에 위치한다.

Qui s'occupe de cet enfant? Personne ne s'occupe de cet enfant.
[누가 이 아이를 돌봅니까?] [아무도 이 아이를 돌보지 않아요]

b) 직접목적보어

– 단순형태에서 ne personne는 동사 앞 뒤에 위치한다.

Tu cherches quelqu'un? Non, je ne cherche personne.
[너 누구를 찾니?] [아니, 아무도 찾지 않아]

– 복합형태에서 ne+조동사+과거분사+personne

Qui avez-vous aimé? Je n'ai aimé personne.
[당신은 누구를 좋아했어요?] [아무도 좋아하지 않았어요]

c) 간접목적보어

ne+à / de+personne는 단순형태 또는 복합형태에서 동사 뒤에 위치한다.

Donnerez-vous à quelqu'un ce cadeau?
[이 선물을 누구에게 줄꺼예요?]
– Non, je ne le donnerai à personne.
[아니오, 아무에게도 주지 않을꺼예요]
Avez-vous parlé à quelqu'un de ce voyage?
[이 여행에 대해 누군가에게 말을 했습니까?]
– Non, je n'en ai parlé à personne.

3) ne – aucune 또는 aucun(e) – ne

aucun(e)은 불한정 형용사로 명사를 동반하거나 불한정 대명사로서 명사의 위치에 온다. 또한 aucun(e)은 남성 또는 여성의 구분이 있는 반면 항상 단수로 사용된다.

a) aucun(e)은 사람 또는 사물 다 나타내며 양(quantité)에 관한 부정이다.

Combien de chiens avez-vous? Je n'ai aucun chien.
[개를 몇 마리 가지고 계세요?] [한 마리도 가지고 있지 않아요]
Tu connais beaucoup de filles ici? Non, je ne connais aucune fille.
[너 여기 많은 여자애들을 알고 있니?] [아니, 한 명도 알지 못해]
Tu as reçu plusieurs cadeaux d'anniversaire?
[너 여러개의 생일 선물을 받았니?]
– Non, je n'ai reçu aucun cadeau.
[아니, 어떤 선물도 받지 못했어]

b) 단독으로 쓰여 질문에 대한 답변으로 쓰인다.

Avez-vous reçu des nouvelles? Aucune.
[당신 소식을 들었어요?] [아무 것도 못들었어요]

▶ aucun(e)의 기능과 위치

형용사 또는 대명사로서 aucun(e)은 다음의 기능을 할 수 있다.

a) 주어 : aucun ne는 단순형태 또는 복합형태에서 동사 앞에 위치한다.

Aucun ne me plaît. [어떤 것도 내 마음에 들지 않아]
Aucun homme n'est parfait. [어떤 사람도 완벽하지는 않다]

b) 직접목적보어

– 단순형태 : ne ... aucune 은 동사 앞 뒤에 위치한다.

Je n'ai aucune raison d'attendre. [나는 기다릴 아무런 이유가 없어]

– 복합형태 : ne+조동사+과거분사+aucun

Il n'a expliqué aucun détail. [그는 어떠한 세부사항도 설명하지 않았다]

c) 간접목적보어

ne+동사+à / de+aucun(e)

Tu n'as droit à aucune excuse. [넌 어떤 사과도 요구할 권한이 없다]

3. 관계대명사

	선행사		
기 능	생 물	무 생 물	생물 또는 무생물
주 어	qui		lequel, laquelle
직접목적속사	que		
전치사보어	**전치사**+qui dont	**전치사**+quoi dont	**전치사**+lequel auquel duquel
	단 순 형		복 합 형
	형 태		

1) qui

a) 주어, 사람의 전치사보어

J'ai un ami. Il vient de la Corée.

– J'ai un ami qui vient de la Corée.

[나는 한국에서 온 친구가 있다]

Le client qui est satisfait .. [만족한 손님]

C'est un collaborateur sur qui on peut compter.

[그는 우리가 믿을 수 있는 협력자다]

b) ce qui+비인칭 동사 : ce qui는 주어인 경우, ce qu'il은 직접목적보어의 경우에 사용한다.

Raconte-moi ce qui s'est passé. [무슨 일이 일어났는지 나에게 말해줘]
Voilà ce qu'il reste. [이게 남은 것이야]

2) que : 직접목적어, 속사

l'itinéraire que je suis [내가 간 여정]
le grammairien qu'il était [그는 문법학자였다]

3) dont : 전치사 de가 선행하는 관계대명사에 해당하는 것으로,

a) 명사의 보어

le restaurant dont je connais l'adresse
[내가 주소를 알고 있는 식당]
* le restaurant dont je ne me souviens plus de l'adresse

b) 동사의 간접보어 명사 혹은 대명사

le restaurant dont je t'ai parlé [네게 말했던 식당]
* le restaurant dont je t'ai parlé du menu

c) 형용사의 보어 명사

Voici la femme dont je suis amoureux.
(= je suis amoureux de cette femme)
[저 여인이 내가 사랑에 빠진 여인이다]

d) 수를 나타내는 명사의 보어 명사

J'avais vingt animaux dont dix sont des chiens.
(=dix de ces vingt animaux)
[나는 20마리의 동물을 키우는데 10마리는 개다]

4) où : à 또는 dans처럼 장소나 시간이 전치사가 선행하는 관계대명사에 해당

a) 장소의 보어

J'ai vendu la maison; je suis née dans cette maison
– J'ai vendu la maison où je suis née.
[나는 내가 태어난 집을 팔았다]

l'endroit où nous nous sommes rencontrés
[우리가 만났던 그 장소]

b) 시간의 보어

Ma fille est née l'année où j'étais en Corée.
[내 딸은 내가 한국에 있던 해에 태어났다]

5) d'où : 근원지를 나타낸다

le pays d'où je viens [내가 온 나라]

6) 복합형태의 용법

복합형인 lequel, laquelle, lesquel(le)s, 그리고 전치사와의 축약형들(à qui, duquel, desquels, auquel, auxquels)은 의문대명사와 같다. 선행사와 대명사이고 무생물인 경우, 전치사 뒤에 사용된다.

les troupes sur l'arrivée desquelles le général comptait tant.
[장군이 그렇게 믿던 군대의 도착]
Le garçon à qui je t'ai présenté est lycéen.
[내가 너에게 소개했던 그 아이는 고등학생이야]

선행사의 정체에 대한 애매성을 피하기 위해 동격의 관계절에서 주어로 사용되기도 한다.

le mari de ma voisine lequel / laquelle ...

정 답

1. Ce document est : [이 글은 ______이다]
   - ☐ Une publicité pour une agence. [여행사에 대한 광고]
   - ☐ Une annonce pour la promotion de voyage. [여행 판촉에 대한 안내]
   - ☒ Un document informatif. [정보 성격의 글]

2. Quell est le meilleur moyen pour voyager sans soucis?
   [아무 걱정없이 여행하기 위한 가장 좋은 방법은 무엇인가?]

   Rien ne vaut une solide préparation et de bonnes informations sur ce marché, ses pratiques et ses astuces.

3. Qu'est-ce qui se passera si on ne prépare pas bien avant de partir en voyage?
[여행을 떠나기 전에 준비를 하지 않으면 무슨 일이 일어나는가?]
   - ☐ On peut perdre de l'argent. [돈을 잃어버릴 수 있다]
   - ☐ On peut rater l'avion. [비행기를 놓칠 수 있다]
   - ☒ On peut gâcher les vacances. [휴가를 망칠 수 있다]

4. Qui est Thierry Beaumont? [띠에리 보멍은 누구인가?]
   - ☒ Spécialiste du voyage. [여행 시장의 전문가]
   - ☐ Spécialiste du marché de l'immobilier. [부동산 시장의 전문가]
   - ☐ Spécialiste du marché de la voiture. [자동차 시장의 전문가]

5. Il faut payer pour demander les informations à Thierry Beaumont :
[띠에리 보멍에게 정보를 물어보려면 돈을 지불해야 한다]
   - ☐ Vrai
   - ☒ Faux
   - ☐ On ne sait pas

Document 3

Vous allez entendre un document sonore. Vous aurez tout d'abord 1 minute pour lire les questions, puis vous entendrez deux fois l'enregistrement avec une pause de 3 minutes entre les deux écoutes. Après la deuxième écoute, vous aurez encore 2 minutes pour compléter vos réponses.

Répondez aux questions, en cochant (☒) la bonne réponse, ou en écrivant l'information demandée.

1. Ce document a un caractère :
   - ☐ économique.
   - ☐ politique.
   - ☐ touristique.

2. Paris est une ville :
   - ☐ très connue aux touristes étrangers.
   - ☐ peu connue aux touristes étrangers.
   - ☐ peu appréciée aux touristes étrangers.

3. C'est la première fois que Paris Plage a lieu en 2006 :
   - ☐ Vrai
   - ☐ Faux
   - ☐ On ne sait pas

4. Il y a plus de ________ kilomètres de plage artificiel au long de la rive droite.
   - ☐ deux
   - ☐ trois
   - ☐ quatre

5. Il y a une nouvelle piscine flottante du :
   - ☐ BNF
   - ☐ Bercy
   - ☐ Port de la Gare

6. Sur combien de kilomètre est-ce que Paris Plage se déploie rive gauche?
   - ☐ Un
   - ☐ Deux
   - ☐ Trois

7. On a mis 2000 tonnes de sable acheminées par voies fluviales :
   - ☐ Vrai
   - ☐ Faux
   - ☐ On ne sait pas

8. Paris Plage est un lieu :

____

문제 유형에 대한 해석과

◆ Consignes [지시사항]

Vous allez entendre un document sonore. Vous aurez tout d'abord 1 minute pour lire les questions, puis vous entendrez deux fois l'enregistrement avec une pause de 3 minutes entre les deux écoutes. Après la deuxième écoute, vous aurez encore 2 minutes pour compléter vos réponses.

Répondez aux questions, en cochant la bonne réponse, ou en écrivant l'information demandée.

[당신은 소리로 된 글을 듣게 될 것입니다. 우선 문제를 읽는데 1분의 시간이 주어지고 두 듣기 사이에 3분의 시간과 함께 두 번 듣게 될 것입니다. 두 번째 듣기 이후 답을 작성하는데 2분의 시간이 주어질 것입니다. 올바른 답변에 ☒에 하거나 주어진 정보를 작성하여 질문에 답하시오]

해석

Paris Plages

Cinq ans déjà que chaque été Paris se métamorphose. L'espace urbain cède du terrain à la végétation. Les voies sur berges deviennent piétonnes et se transforment en station balnéaire du 20 juillet au 20 août 2006.

On connaissait Paris Plage rive droite, plus de trois kilomètres d'une ville historique redestinée et aménagée pour l'occasion. On découvre cette année Paris Plage rive gauche, une extension qui place la manifestation de plain-pied dans la modernité.

Avec pour horizon la BNF et Bercy, Paris Plage rive gauche se déploie sur un kilomètre autour de la nouvelle piscine flottante du Port de la Gare.(...). Côté chiffres, Paris Plage a 240 parasols, 68 palmiers 2000 tonnes de sable acheminées par voies fluviale par Lafarge. Mais c'est avant tout des millions de visiteurs qui depuis cinq ans viennent partager un même espace de sport et de loisir, un lieu de culture et de détente, une surprenante plage éphémère en plein cœur de Paris.

Culture. Paris. Fr. 13 août 2006

[파리 해변가

매 여름 파리가 변화하기 시작한 것이 벌써 5년째가 되었다. 2006년 7월 20일부터 8월 20일까지 도시의 공간은 나무들로 채워졌고 제방길은 산책로가 되었으며 해수욕장의 주차장으로 변하였다.

재단장한 역사적 도시의 3킬로가 넘는 강 오른쪽의 파리 해변가가 들어섰다. 올해 파리 해변가는 강 왼쪽에 현대적 감각으로 설치되었다. BNP와 베르씨와 지평선으로 늘어져 있는 파리 왼편의 해변가는 Port de la Gare에 떠있는 새로운 해변가 주위로 1킬로에 걸쳐 펼쳐져 있다. 통계적 측면에서 파리 해변가는 240개의 파라솔과 라파르즈에 의해 강을 타고 운송한 2천톤의 모래와 68그루의 종려나무들이 있다. 하지만 무엇보다도 5년전부터 수백만명의 방문객들은 문화와 기분전환의 장소로서 파리 한 복판에 놀라운 해변가 분위기를 자아내는 운동과 여가장소를 즐길 수 있는 같은 장소를 공유하러 오고 있다]

주요사항

1. 수형용사들

▶ 기수들 (les nombres cardinaux)

1) 형 태

a) 불변이다

J'ai deux chiens et deux chattes.
[나는 개 두 마리와 암코양이 두 마리가 있다]

– 단 [하나]인 un / une의 경우는 예외이다.

vingt et un / vingt et une

b) vingt [20]과 cent [100]은 나누어서 0이 되는 배의 숫자의 경우 -s를 붙이는 반면 나머지가 0이 아닌 경우 -s를 붙이지 않는다.

deux cents, trois cents / deux cent deux, trois cent cinq

c) mille 은 항상 불변이다.

Ça coûte sept mille euros. [그것의 값은 7000유로이다]
Les Mille et Une Nuits [천일야화]

d) 100 이하의 수의 경우, 복합된 수는 -를 사용한다.

vingt-deux [22], trente-trois [33]

– 두 자리 숫자 중 끝이 1인 경우 대부분 et un이 되며 -을 쓰지 않고 단 81, 91은 -를 쓴다.

vingt et un [21] trente et un [31]
quarante et un [41] cinquante et un [51]
soixante et un [61] soixante et onze [71]
quatre-vingt-un [81] quatre-vingt-onze [91]

2) 발 음

a) neuf는 ans과 heures 앞에서만 [v] 발음이 된다.

Il a neuf enfants. [그는 아이가 9이다]
Cet enfant a neuf ans. [이 아이는 9살이다]
Il est neuf heures. [9시다]

b) six [6]와 dix [10]

① 홀로 쓰이는 경우 [-s] 발음이 된다.

Vous êtes combien de personnes? Six.

② 모음 또는 묵음의 h로 시작하는 단어 앞에서 [-z] 발음이 된다.

Il y a six étudiants dans cette classe. [교실에 10명의 학생이 있다]

③ 자음으로 시작하는 단어 앞에서 마지막 철자 x 는 발음되지 않는다.

J'attends le bus depuis dix minutes. [10분전부터 버스를 기다린다]

c) cinq [5], sept [7], huit [8]

① 단독으로 쓰이거나 모음 또는 묵음의 h로 시작하는 단어 앞에서 마지막 자음들의 발음 [k], [t], [t]는 발음된다.

Il a sept ans.

② 자음으로 시작하는 단어 앞에서는 일반적으로 발음되지 않는다.

Elle a cinq livres.

3) 용 법

a) 단독으로 명사의 한정사로 쓰일 수 있다.

Il a trois chiens. [그는 개를 세 마리 가지고 있다]
Il est onze heures. [11시다]

b) 항상 명사 앞에 쓰인다.

Il a deux enfants. [그는 아이가 둘이다]

– 단, 연속성의 순서를 나타내는 경우 명사 뒤에 쓰인다.

Louis XIII est le père de Louis XIV.
[루이 13세는 루이 14세의 아버지다]
Ouvrez le livre au chapitre trois. [책 제3장을 펴세요]
Il manque la page 45. [45페이지가 빠져 있어]

– million [백만], milliard [억]은 배수인 경우 -s를 붙인다. 또한 de+명사가 뒤따라올 수 있다 :

Il y a trois millions d'habitants dans cette ville.
[이 마을에는 3백 만명의 주민이 있다]
La Chine compte plus de deux milliards d'habitants.
[중국은 2억이 넘는 주민이 살고 있다]

2. 부정 형용사

1) 양적으로 [제로]를 나타내는 부정형용사들

a) nul(le)(=pas un, pas une) : ne 또는 sans과 함께 쓰이거나 홀로 쓰인다.

Comme il a bien travaillé, je suis sûr qu'il va réussir à son examen, sans nulle doute.
[그가 열심히 공부했기 때문에, 나는 그가 틀림없이 시험에 합격할 것이라고 확신한다]

b) aucun : <제로>의 양을 나타내며 ne, ne .. plus, ne .. jamais 또는 전치사 sans이 선행한다.

Je n'ai aucune confiance en lui.
[나는 전혀 그를 신뢰하지 않는다]

2) 부분적인 양을 나타내는 부정형용사들

a) certain(e)

– 단수에서 관사 un(e)과 함께 쓰인다.

Un certain nombre des preuves nous montrent qu'il est innocent.
[몇몇의 증거들이 우리에게 그가 무죄라는 것을 보여준다]

– 복수에서는 관사없이 사용한다(다른 사람들 중에서 어떤 사람들).

Certains étudiants ne veulent pas travailler.
[어떤 학생들은 공부하기를 원치 않는다]

b) quelque

– 단수에서 홀로 쓰이며 [한정되지 않은 양]을 나타낸다.

J'ai passé quelque temps à la campagne. (=un peu de temps)
[나는 얼마 동안을 교외에서 보냈다]

– 복수에서 한정사와 함께 쓰일 수 있으며 <얼마되지 않는 수>의 제의미를 갖는다.

La bibliothèque était presque vide ; seuls, quelques étudiants travaillaient encore.
[도서관은 거의 비었다 : 단지 몇몇 학생들만이 아직 공부하고 있었다]

Les quelques articles sont encore en soldes.
[몇몇 상품들이 아직 할인 판매 중이다]

c) plusieurs : [둘 이상의] 뜻을 가지며 구체적이지 않은 복수를 나타낸다. quelque의 제약적인 의미는 갖지 않는다.

J'ai invité plusieurs personnes, seules quelques personnes sont venues.
[나는 여러 사람을 초대했는데, 몇 사람만이 왔다]

– plusieurs의 형태는 불변이며 관사와 함께 결코 쓰이지 않는다.

J'ai plusieurs amies (* plusieures amies) à Paris.

d) différents, divers: 복수명사 앞에서 한정사 없이 [여럿의]라는 의미로 쓰인다.

J'ai voyagé différents pays. [나는 여러 나라를 여행했어]
Il a rencontré différentes femmes. [그는 여러 여자를 만났다]
Il reste encore divers problèmes. [아직 여러 문제가 남아 있어]

3) 전체 (la totalité)를 나타내는 부정형용사들

a) chaque : 전체 중 [하나, 하나]를 의미하는데, 항상 한정사 없이 쓰이며 단수 명사가 뒤에 위치한다. 또한 남성과 여성의 형태가 동일하며 사람과 사물을 나타낸다.

Chaque jour, il prend le métro à 9 heures.
[매일, 그는 9시에 전철을 탄다]

Chaque année, beaucoup d'enfants sont morts de faim.
[매년 많은 아이들이 기아로 죽어간다]

b) tout

– 전체 중에서 하나 하나를 나타내는 경우

단수 : tout(남성단수), toute(여성단수)의 형태이며 한정사없이 chaque 와 같은 의미를 갖지만 chaque 보다는 덜 사용된다.

Il me dérange tout instant. [그는 매 순간 나를 방해한다]

복수 : tous(남성단수), toutes(여성단수)로서 한정사와 함께 쓰여 수 앞에서 분포적 가치를 갖는다. 이 경우, chaque를 사용해서는 안된다.

Il tousse toutes les cinq minutes. [그는 5분마다 기침한다]

(* chaque cinq minutes)

– 전체 중에서 요소들을 전체적으로 지칭하는 경우

단수 : tout, toute로서 전체를 나타내며 한정된 한정사가 뒤에 위치한다.

Il travaille toute la journée. [그는 하루 종일 일한다]

Tout le monde est venu. [모든 사람들이 왔다?]

복수 : tous, toutes로서 전체를 나타내며 뒤에 부정 한정사가 위치한다.

J'ai lu tous les livres que tu m'as achetés.

[네가 나에게 사준 모든 책들을 읽었어]

정 답

1. Ce document a un caractère : [이 글은 ___의 성격을 띠고 있다]

☐ économique. [경제적]

☐ politique. [정치적]

☒ touristique. [관광적]

2. Paris est une ville : [파리는 _____ 도시이다]

☒ très connue aux touristes étrangers.
[외국 여행자들에게 매우 잘 알려진]

☐ peu connue aux touristes étrangers.
[외국 여행자들에게 잘 알려지지 않은]

☐ peu appréciée aux touristes étrangers.
[외국 여행자들에게 거의 인식 안된]

3. C'est la première fois que Paris Plage a lieu en 2006 :
   [파리 해변가는 2006년에 처음으로 열렸다]
   - ☐ Vrai
   - ☒ Faux
   - ☐ On ne sait pas

4. Il y a plus de ________ kilomètres de plage artificiel au long de la rive droite.
   [강 오른쪽을 따라 인공 해변가가 ____ 킬로 있다]
   - ☐ deux
   - ☒ trois
   - ☐ quatre

5. Il y a une nouvelle piscine flottante du : [____에 떠 있는 새로운 수영장이 있다]
   - ☐ BNF
   - ☐ Bercy
   - ☒ Port de la Gare

6. Sur combien de kilomètre est-ce que Paris Plage rive gauche se déploie?
   [파리 왼쪽 편에 있는 해변가가 몇 킬로로 펼쳐져 있는가?]
   - ☒ Un
   - ☐ Deux
   - ☐ Trois

7. On a mis 2000 tonnes de sable acheminées par voies fluviale :
   [강변에 2000톤의 모래를 설치하였다]
   - ☒ Vrai
   - ☐ Faux
   - ☐ On ne sait pas

8. Paris Plage est un lieu __________: [파리 해변가는 ________한 장소이다]
   de culture et de détente, une surprenante plage éphémère en plein cœur de Paris.

Partie 2

Compréhension des écrits

– 각종 분야의 연수 (어학연수, 제빵기술, 보석 디자인 등)에 관련된 정보지를 정확히 이해하고 있는지를 파악하는 문제
– 견학 (성, 특정 산지품 (포도주, 치즈 등))에 관련된 정보
– 정치, 경제, 문화 등 다양한 분야에 걸친 기사 내용 파악

Exercice 1

Lire pour s'orienter

Avec votre ami, vous souhaitez un cours de français en France pendant 2 mois dans le but d'améliorer le français. Vous voulez un cours intensif et vous préférez que les cours ne dépassent pas 12 étudiants. Vous désirez loger en famille, faire des excursions dans des lieux connus, goûter aux spécialistes gastronomiques locales, rencontrer des habitants de la région et surtout multiplier les occasions de parler le français. Vous hésitez entre les deux organismes suivants:

	Accord Ecole de Langues Paris
Programme pédagogique	– Cours intensifs A. B, C, D : 26 leçons /semaine(20 heures par semaine), 30 leçons/semaine (23 heures par semaine), 34 leçons/semaine (26 heures par semaine). Niveau : de débutant à avancé. Plus de 6 niveaux ouverts en permanence. Classe : de 10 à 14 stagiaires. – Préparation au DELF, au DALF et au TEF Les résultats aux examens des étudiants qui ont suivi leurs cours à Accord Ecole de Langues démontrent le sérieux et la qualité des cours : 100% de réussite depuis 1998.
Hébergement	accueil-hébergement vous propose diverses possibilités d'hébergement pour votre séjour à Paris.: En famille À l'hôtel, A Centre International de séjour de Paris Studios & Appartements meublés.
Activités culturelles	– Visite dégustation ≪Le miel de Provence≫. – Visite d'Antibes, sur les pas de Picasso. – Visite dégustation ≪Olives et huile d'olives≫.
Vivre avec les Français	des activités sportives et de loisir : soirée gastronomique, sports nautiques, etc..., des soirées, des excursions ou visites culturelles, en demi-journées ou journées complètes.

	Le Centre international d'Antibes sur la Côte d'Azur
Programme pédagogique	– Cours Standard (20 leçons x 45') – 12 étudiants. – Cours intensifs 1 (30 leçons x 45') – 12 étudiants – Cours intensifs 2 (36 leçons x 45') – 12 étudiants – Cours dirigeants (30 leçons x 45') – 4 étudiants – Préparation à l'examen du DELF (20/30/36 leçons x 45') – préparation de 8, 12 ou 16 semaines. – Préparation à l'examen de l'Alliance française (20 or 30 leçons x 45') – préparation de 5, 8 ou 16 semaines.
Hébergement	Trois types d'hébergement sont disponibles pour votre séjour en France: au foyer, à l'hôtel * * *, en famille d'accueil
Activité culturelle	– Carnaval de Nice – Bataille de fleurs à Nice – Festival du jazz à Antibes
Vivre avec les Français	Dans une ambiance amicale, et parmi des français et des étrangers, nos animateurs organisent régulièrement des soirées à thèmes : musique en live dans des pubs, soirées dansantes, dégustations de plats spécialement préparés par les étudiants…

Pour chacun des centres de langues, et pour chacun des critères proposés, mettez une croix (X) dans la case <convient> ou <ne convient pas>.

	Accord Ecole de Langues Paris		Le Centre international d'Antibes sur la Côte d'Azur	
	Convient	Ne convient pas	Convient	Ne convient pas
Cours intensif/ Nombre d'étudiants				
Préparation au DELF				
Hébergement				
Spécialités gastronomiques locales				
Rencontres				

해 석

Avec votre ami, vous souhaitez un cours de français langue étrangère en France pendant 2 mois dans le but d'améliorer le français. Vous voulez un cours intensif et vous préférez que les cours ne dépassent pas 12 étudiants. Vous désirez loger en famille, faire des excursions dans des lieux connus, goûter aux spécialistes gastronomiques locales, rencontrer des habitants de la région et surtout multiplier les occasions de parler le français. Vous hésitez entre les deux organismes suivants:

[당신의 친구와 함께, 당신은 프랑스어 실력을 개선시키기 위해 2달 동안 프랑스에서 프랑스 외국어 수업을 받기를 원하고 있습니다. 당신은 집중 프로그램을 원하고 수업은 12명 이상 넘지 않기를 바랍니다. 프랑스 가정에서 숙소를 정하길 원하며 알려진 장소를 관람하고 지역특별 전문가들이 만든 음식을 맛보고 싶으며 지역 주민들을 만나고 특히 프랑스어를 말할 기회를 많이 갖고 싶습니다. 다음 두 개의 기관 사이에서 망설이고 있습니다]

	Accord Ecole de Langues Paris [파리의 언어 연수 기관 Accord]
Programme pédagogique [교육프로그램]	– Cours intensifs A. B, C, D : 26 leçons /semain par semaine), 30 leçons/semaine (23 heures par semaine), 34 leçons/semaine (26 heures par semaine), Niveau : de débutant à avancé. Plus de 6 niveaux ouverts en permanence. Classe : de 10 à 14 étudiants. [집중수업 A, B, C, B : 26 강좌 / 일주일에 20시간, 30강좌 / 일주일에 23시간, 34강좌 / 일주일에 26시간. 수준 : 기초부터 고급반까지. 6개 이상의 단계가 항상 열려있음. 학급 : 10명에서 14명의 학생들] – Préparation au DELF, au DALF et au TEF Les résultats aux examens des étudiants qui ont suivi leurs cours à Accord Ecole de Langues démontrent le sérieux et la qualité des cours : 100% de réussite depuis 1998.

	[DELF, DALF와 TEF 준비과정 언어기관 Accord에서 수업을 들은 학생들의 시험에 대한 결과는 그 성과와 결과가 두드러지게 나타남 : 1998년부터 100%의 성공]
Hébergement [숙소]	accueil-hébergement vous propose diverses possibilités d'hébergement pour votre séjour à Paris.: En famille À l'hôtel, A Centre International de séjour de Paris Studios & Appartements meublés [숙소기관은 당신에게 파리에서 거주할 숙소에 대해 다양한 가능성을 제공하고 있습니다 : 가족에서 호텔, 파리 국제 숙소기관에서 스튜디오와 가구가 완비된 아파트]
Vivre avec les Français [프랑스인들과 생활하기]	des activités sportives et de loisir : soirée gastronomique, ports nautiques, etc..., des soirées, des excursions ou visites culturelles en demi-journées ou journées complètes [운동과 여가 활동 : 음식 맛보기 연회와 배를 이용한 스포츠, 등 연회와 반나절 또는 한 나절 동안 문화에 관련된 방문 또는 여행]

	Le Centre international d'Antibes sur la Côte d'Azur [꼬뜨-다쥐르에 있는 앙티브 국제기관]
Programme pédagogique [교육 프로그램]	– Cours Standard (20 leçons x 45') – 12 étudiants. – Cours intensifs 1 (30 leçons x 45') – 12 étudiants – Cours intensifs 2 (36 leçons x 45') – 12 étudiants – Cours dirigeants (30 leçons x 45') – 4 étudiants – Préparation à l’examen du DELF (20/30/36 leçons x 45') – préparation de 8, 12 ou 16 semaines. – Préparation à l’examen de l’ Alliance française (20 or 30 leçons x 45') – préparation de 5, 8 ou 16 semaines. [기본수업 (20강좌× 45분) – 12명의 학생들 집중수업 1 (30강좌 × 45분) – 12명의 학생들 집중수업 2 (36강좌 × 45분) – 12명의 학생들 DELF 준비반 (20, 30, 36 강좌×45분) – 8, 12, 16주 알리앙스프랑세즈 시험 준비반 (20 또는 30강좌×45분) – 5, 8, 16주]

Hébergement [숙소]	Trois types d'hébergement sont disponibles pour votre séjour en France: au foyer, à l'hôtel * * *, en famille d'accueil [세 가지 유형의 숙소가 프랑스에서의 당신의 숙박을 위해 준비되어 있습니다 : 기숙사, 4개 짜리 호텔, 가정]
Activité culturelle [문화 활동]	– Carnaval de Nice [니스 카니발] – Bataille de fleurs à Nice [니스 꽃 놀이 축제] – Festival du jazz à Antibes [앙티브 재즈 축제]
Vivre avec les Français [프랑스인들과 생활하기]	Dans une ambiance amicale, et parmi des français et des étrangers, nos animateurs organisent régulièrement des soirées à thèmes : musique en live dans des pubs, soirées dansantes, dégustations de plats spécialement préparés par les étudiants… [우호적인 분위기 속에서 그리고 프랑스인들과 외국인들 사이에 우리의 지도원이 정기적으로 주제에 따른 연회를 개최합니다 : 술집에서 생음악, 무도회, 학생들이 특별히 준비한 음식 맛보기..]

주요사항

1. 제한된 지속성

지속성은 처음과 끝을 갖는데 주로 전치사가 선행하는 보어에 의해 나타내진다.

1) pendant

지속성을 나타내는 명사가 뒤에 올 수 있다.

Qu'est-ce que tu vas faire pendant les vacances?
[방학 동안에 뭐할꺼니?]

– 전치사는 다음과 같은 경우 사용되지 않을 수 있다.

a) 보어가 숫자인 경우

J'ai dormi pendant deux heures. J'ai dormi deux heures.
[나는 두 시간 동안 잠을 잤다]

b) 보어가 시간을 나타내는 표현인 경우, 형용사 tout(e)가 지속성을 강조할 때

Il a travaillé (pendant) toute la nuit.
[그는 밤새 일을 했다]
Il a pleuré (pendant) toute la journée.
[그는 하루 종일 울었다]

2) pour

앞으로 다가올 순간을 나타내는데 행위의 출발점과 기간을 표시한다.
Je reste à Rome pour une semaine. [지금부터 일주일 동안]
[나는 일주일 예정으로 로마에 머무를 것이다]
Il a loué une maison pour deux mois. [그는 두달 동안 집을 빌렸다]

– pendant과 pour를 혼동하지 말 것

Il a travaillé pendant vingt ans dans cette compagnie.
[그는 이 회사에서 20년 동안 일했다 : 20년 동안 일을 했고 이제는 일을 하지 않는다]
Je lui ai demandé de travailler avec moi pour un ans.
[나는 그에게 일년 동안 나와 일을 하자고 요구했다 : 예정]

3) en

어떤 행위가 현실화되기 위해 필요한 시간을 보여주는 숫자로 된 시간의 보어가 뒤따른다. en을 동반하는 동사는 항상 완료상태를 나타낸다.

Il a terminé son devoir en vingt minutes.
[그는 그의 숙제를 20분에 걸쳐 끝냈다]

– en과 pendant의 차이

Le bébé s'en endormit en cinq minutes. [아기는 5분이 지나자 잠이 들었다]
Le bébé a dormi pendant dix heures. [아기는 10시간 동안 잠을 잤다]

4) dans

a) 미래에 구체적인 순간 (dans+숫자로 된 기간)

Il va arriver dans cinq minutes. [그는 5분 뒤에 도착할꺼야]
Je vais partir dans deux jours. [나는 2틀 뒤에 떠날꺼야]

b) 미래에 조금 더 막연한 순간 (dans+시간의 부사)

Je vous téléphonerai dans quelques jours.
[며칠 뒤 당신께 전화할께요]

c) 대략적으로 한정되어 있는 지속성 안에서 미래의 한정되지 않은 순간

Le facteur va venir dans la matinée.
[우체부가 아침 나절에 올꺼야]

d) 과거의 어느 순간 : 이 경우에 dans은 pendant의 의미를 갖는다.

Il a fait beaucoup d'erreurs dans sa jeunesse.
[그는 젊은 시절 실수를 많이 했다]

2. 전치사 entre

1) [둘] : [-사이에, -의 중간에]

a) [공간]

Les Pyrénées se trouvent entre la France et l'Espagne.
[피레네 산맥은 프랑스와 스페인 사이에 있습니다]

b) [시간]

Je viendrai **entre** 10 heures et onze heures.
[나는 10시에서 11시 사이에 오겠습니다]

c) [정도, 상태]

Il vit **entre** la vie et la mort.
[예. 생사지경을 헤매고 있어요]

d) [선택, 분할]

Il hésite entre deux choix.
[그는 두 가지 선택에서 망설인다]

e) [수량]

Ça se vend **entre** 500 et 600 euros.
[이것은 500프랑에서 600유로 사이에서 팔려요]

2) [여럿]

a) [– 사이에서]

Je dois choisir seulement un **entre** ces cravates?

[이 넥타이들 중에서 하나만 선택해야 해요?]

b) [d'entre+인칭대명사] : -중에서

L'un **d'entre** vous doit aller à l'aéroport.

[여러분들 중에 한 사람은 공항에 가야 합니다]

– entre와 parmi

parmi는 두 개 이상의 요소를 나타내는 복수명사 앞에 사용된다. 반면, entre는 일반적으로 두 명의 사람 또는 사물, 집단에 사용되며, 두 시간에 포함되는 지속성을 표현한다.

Choisissez parmi ces cravates.

[이 넥타이들 중에서 고르세요]

Il déjeune entre midi et quatorze heures.

[그는 12시에서 14시까지 점심을 먹는다]

정 답

Pour chacun des centres de langues, et pour chacun des critères proposés, mettez une croix (X) dans la case <convient> ou <ne convient pas>.

[각 어학기관에 대해, 그리고 제시된 기준들에 대해 <적합한 것> 또는 <적합하지 않은 것>의 칸에 X를 하시오.

	Accord Ecole de Langues Paris		Le Centre international d'Antibes sur la Côte d'Azur	
	Convient	Ne convient pas	Convient	Ne convient pas
Cours intensif / Nombre d'étudiants [집중반 / 학생 수]		X	X	
Préparation au DELF [DELF 준비반]	X		X	
Hébergement [숙소]	X		X	
Spécilaités gastronomiques locales[지역특별음식]	X			X
Rencontres [만남]	X		X	

Exercice 2

Lire pour s'informer

Lisez le texte ci-dessous, puis répondez aux questions, en cochant (☒) la bonne réponse, ou en écrivant l'information demandée.

Jour de rentrée pour les enseignants

884.000 enseignants effectuent leur rentrée, marquée cette année par la polémique sur la violence à l'école.

A lors que les professeurs effectuent vendredi 1er septembre leur rentrée, le ministre de l'Education nationale Gilles de Robien a présenté jeudi les grandes lignes de la rentrée scolaire 2006, axée sur quatre priorités: promouvoir l'égalité des chances, favoriser l'acquisition des savoirs fondamentaux, garantir la place des parents à l'école, et renforcer la sérénité de la vie scolaire en essayant notamment de prévenir les actes de violences. (...)

"Porter plainte"

"Nous avons lutté contre les actes de racisme et d'antisémitisme. Ils ont baissé de 20%. C'est à ça que nous sert cet outil", a-t-il ajouté, conseillant aux victimes et aux chefs des établissements touchés par la violence "de porter plainte".

Le ministre a précisé que les "liens des établissements avec les forces de l'ordre" seront "renforcés". "Chaque établissement aura un correspondant clairement identifié au sein des services de police ou de gendarmerie" et "la présence d'un agent des forces de l'ordre pourra être demandée par le chef d'établissement", a-t-il souligné.

Le ministre a aussi annoncé qu'un diagnostic de sécurité sera réalisé pour chaque établissement avec la police ou la gendarmerie pour améliorer la protection et la surveillance.

Premier point noir de la rentrée pour le ministre: les cinq fédérations syndicales de l'Education appellent à une journée nationale de grève et de manifestations dans toute la France le 28 septembre prochain pour protester contre les restrictions budgétaires et les suppressions de postes.

Ils seront encadrés par 1,3 million de personnes, dont 884,000 enseignants qui font leur rentrée vendredi.

2NOUVELOBS.COM | 01.09.06 | 18:01

1. Il s'agit :
   - ☐ de la rentrée scolaire.
   - ☐ de la grève des ouvriers.
   - ☐ du commencement des vacances scolaires.

2. Citez
   a) le nom d'un phénomène qui méprise les juifs

   ____

   b) quatre formes de soutiens pour empêcher la violence à l'école :

   ____

   ____

   ____

   c) le moyen d'instruction efficace par le mesure du ministre de l'éducation nationale par rapport à la violence à l'école :

   ____

   ____

3. Cochez la bonne réponse :

   1) D'après le ministre de l'éducation nationale, la lutte contre les actes de racisme et d'antisémitisme était éfficace.
      - ☐ Vrai
      - ☐ Faux
      - ☐ On ne sait pas

2) Chaque établissement aura une relation étroite avec :

☐ le médecin ou l'infirmier.

☐ le pompier ou le SAMU

☐ le gendarmerie ou la police

3) Le diagnostic de sécurité du ministre a pour but :

☐ de protéger les enfants contre l'accident de voiture.

☐ d'améliorer la protection et la surveillance.

☐ de surveiller les actes des professeurs.

4. Écrivez l'information demandée :

a) Combien de professeurs effectuent leur rentrée en 2006?

b) Combien de pourcentage les actes de racisme et d'antisémitisme ont été-ils diminués?

5. Dites si les affirmations suivantes sont vraies ou fausses en cochant les cases correspondante et citez les passages du texte qui justifient votre choix.

a) Les cinq fédérations syndicales de l'Education sont contents des précautions du ministre de l'Éducation nationale.

☐ Vrai

☐ Faux

Justification : ______________________________

b) Le problème de salaire est aussi l'une des raisons de grève et de manifestations des syndicats de l'Éducation :

☐ Vrai

☐ Faux

Justification : ______________________________

해 석

Jour de rentrée pour les enseignants

884.000 enseignants effectuent leur rentrée, marquée cette année par la polémique sur la violence à l'école.

A lors que les professeurs effectuent vendredi 1er septembre leur rentrée, le ministre de l'Education nationale Gilles de Robien a présenté jeudi les grandes lignes de la rentrée scolaire 2006, axée sur quatre priorités: promouvoir l'égalité des chances, favoriser l'acquisition des savoirs fondamentaux, garantir la place des parents à l'école, et renforcer la sérénité de la vie scolaire en essayant notamment de prévenir les actes de violences. (...)

[선생님들의 개학일]

884000명의 교사들이 학교의 폭력에 대한 심각성으로 얼룩진 올해 개학을 맞이하게 된다. 선생님들이 9월 1일 금요일 개학을 맞이하면서 문교부장관인 질 드 로비엥은 2006년 학교 개학에 맞추어 다음의 네 가지 주된 우선책을 내놓았다 : 기회 균등의 확대, 기초 학문 획득의 조건부여, 학교에서의 학부모의 지위 보장, 그리고 특히 폭력행위를 근절함으로써 학교생활의 안정성을 강화하기 (...)

"Porter plainte"

"Nous avons lutté contre les actes de racisme et d'antisémitisme. Ils ont baissé de 20%. C'est à ça que nous sert cet outil", a-t-il ajouté, conseillant aux victimes et aux chefs des établissements touchés par la violence "de porter plainte".

Le ministre a précisé que les "liens des établissements avec les forces de l'ordre" seront "renforcés". "Chaque établissement aura un correspondant clairement identifié au sein des services de police ou de gendarmerie" et "la présence d'un agent des forces de l'ordre pourra être demandée par le chef d'établissement", a-t-il souligné.

Le ministre a aussi annoncé qu'un diagnostic de sécurité sera réalisé pour chaque établissement avec la police ou la gendarmerie pour améliorer la protection et la surveillance.

[제소]

["우린 인종차별주의와 유대인차별주의 행위에 대항해 투쟁했습니다. 이들의 비율은 20%가 감소했습니다. 이러한 도구가 우리에게 필요한 것입니다."라고 교육부장관은 폭력으로 인해 제소한 희생자들과 학교 책임자들에게 충고했다. 장관은 "공권력과 학교와의 연계가 더욱 강화될 것입니다. 각 학교는 경찰이나 헌병대 중에서 뛰어난 자질의 감독자완 연계될 것이고 학교장의 요청에 따라 공권력을 행사하는 경찰이 상주할 수 있을 것입니다"라고 강조했다. 장관은 또한 안전 진단은 보호와 감찰을 개선시키기 위해 경찰이나 헌병대와 함께 각 학교에서 실시될 것입니다 "라고 밝혔다]

Premier point noir de la rentrée pour le ministre: les cinq fédérations syndicales de l'Education appellent à une journée nationale de grève et de manifestations dans toute la France le 28 septembre prochain pour protester contre les restrictions budgétaires et les suppressions de postes.

Ils seront encadrés par 1,3 million de personnes, dont 884,000 enseignants qui font leur rentrée vendredi.

[장관에게 있어서 개학을 맞이하여 가장 좋지 않은 점은 다음과 같다 : 5개의 교육협회가 예산 제약과 교사직의 삭제에 대항하기 위해 다음 9월 28일 프랑스 전 지역에서 파업과 시위를 할 것을 요청했다. 1,3백만 교사들이 이들을 지도할 것인데 이들 중 884,000명의 교사는 금요일날 등교를 할 것이다]

NOUVELOBS.COM | 01.09.06 | 18:01

주요사항

1. 요일과 달

월요일	화요일	수요일	목요일	금요일	토요일	일요일
lundi	mardi	mercredi	jeudi	vendredi	samedi	dimanche

1월	2월	3월	4월	5월	6월
janvier	février	mars	avril	mai	juin
7월	8월	9월	10월	11월	12월
juillet	août	septembre	octobre	novembre	décembre

2. 서 수

1) 형 태

a) 숫자에 -ème를 붙여 만든다.

deux – deuxième trois – troisième

b) 21e (vingt et unième), 31e (trente et unième), 41 (quarante et unième)

Au concours, il a été reçu vingt et unième sur deux cents candidats.

[대회에서 그는 200명의 후보자 중 21위를 했다]

2) 용 법

a) 형용사로서 서수는 속사 (attributs) 또는 부가사 (épithètes)의 기능을 하는데, 역할에 따라 의미가 바뀐다.

L'équipe chinoise est arrivée premier.

[속사 : 중국 팀이 맨 먼저 (선두로) 도착했다]

– premier와 dernier는 기수와 함께 쓰일 수 있는데, 이 경우 기수 뒤에 위치한다.

Lisez les trois derniers chapitres du livre.

[책의 마지막 세 번째 장을 읽으세요]

Faites les deux premières exercices.

[처음에 있는 두 연습문제를 푸세요]

La première équipe était japonaise.

[첫번째 팀은 일본 팀이었다]

b) 한정사 (관사, 소유형용사 또는 지시형용사)가 선행할 수 있다.

Mon deuxième enfant a gagné le grand prix au concours.
[내 두 번째 아이가 경연대회에서 대상을 받았어]

- deuxième는 두 개 이상의 구성체 중 두 번째라는 의미인 반면, seconde는 단지 두 개만이 있는 경우에서 두 번째라는 의미의 차이가 있다 :

Il a été classé deuxième sur trente au second semestre.
[그는 2학기에 30명 중 2번째를 차지했다]

c) 서수는 수에 일치한다.

Ce sont les troisièmes Jeux Olympiques auxquels il participe.

d) 파생 부사인 -ment는 서수에서부터 시작된다.

premièrement [첫 번째로], deuxièmement [두 번째로]

3. le passif [수동태]

1) **l'objet** de la phrase active est devenu **sujet.** [능동문의 목적어가 주어가 된다]
2) le **verbe** au participe passé se conjugue avec l'auxiliare **être** [과거분사 형태의 동사는 조동사 être와 결합한다]
3) le **sujet** de la phrase active est introduit par les prépositions **de, par.** [능동문의 주어는 전치사 de, par에 의해 유도된다]

la phrase active : Pierre a construit cette maison. [삐에르는 집을 지었다]

sujet l'objet direct

la phrase passive : Cette maison a été construite par Pierre.

4. 단순미래

Je	-rai	Nous	-rons
Tu	-ras	Vous	-rez
Il, Elle	-ra	Ils, Elles	-ront

– 사건이나 사실이 말하는 순간 이후에 일어날 때

Je partirai demain.

[나는 내일 떠날꺼야]

– 완곡한 명령적 표현

Vous emmènerez les enfants se promener.

[아이들을 산책시키러 데리고 가세요]

정 답

1. Il s'agit : [___관한 것이다]

☒ de la rentrée scolaire. [개학에]

☐ de la grève des ouvriers. [노동자들의 파업에]

☐ du commencement des vacances scolaires. [학교 방학의 시작]

2. Citez

a) le nom d'un phénomène qui méprise les juifs : Antisémitisme

[유대인을 업신여기는 현상의 명사]

b) quatre formes de soutiens pour empêcher la violence à l'école :

[학교 폭력을 억제하기 위한 4가지 지원대책]

promouvoir l'égalité des chances

favoriser l'acquisition des savoirs fondamentaux

garantir la place des parents à l'école

renforcer la sérénité de la vie scolaire

c) le moyen d'instruction efficace par le mesure du ministre de l'éducation nationale par rapport à la violence à l'école :
[학교 폭력에 관해 교육부장관의 대처를 통해 유용한 두가지 제도 방안]
la présence d'un agent des forces de l'ordre chaque pour améliorer la protection et la surveillance.

3. Cochez la bonne réponse : [올바른 답에 표시하시오]

1) D'après le ministre de l'éducation nationale, la lutte contre les actes de racisme et d'antisémitisme était efficace.
[교육부장관에 따르면 인종차별주의와 유대인 박대행위에 대한 투쟁이 효과가 있었다]

☒ Vrai
☐ Faux
☐ On ne sait pas

2) Chaque établissement aura une relation étroite avec :
[각 학교는 ____와 밀접한 관계를 맺게 될 것이다]

☐ le médecin ou l'infirmier.
☐ le pompier ou le SAMU
☒ le gendarmerie ou la police

3) Le diagnostic de sécurité du ministre a pour but :
[장관의 안전 대책은 ______을 목적으로 하고 있다]

☐ de protéger les enfants contre l'accident de voiture.
[자동차 사고로부터 아이들을 보호하는 것]
☒ d'améliorer la protection et la surveillance.
[보호와 감시를 개선시키는 것]
☐ de surveiller les actes des professeurs.
[교사들의 행위를 감시하는 것]

4. Écrivez l'information demandée :

a) Combien de professeurs effectuent leur rentrée en 2006? 884000
[몇 명의 선생들이 2006년 개학을 맞이하는가?]

b) Combien de pourcentage les actes de racisme et d'antisémitisme ont été-ils diminué? 20%.
[인종차별주의와 유태인 학대행위는 몇 %가 줄었는가?]

5. Dites si les affirmations suivantes sont vraies ou fausses en cochant les cases correspondante et citez les passages du texte qui justifient votre choix.
[해당하는 칸에 표시하여 옳고 그른 것을 밝히고 그것을 정당화시킬 수 있는 본문의 글을 인용하시오]

a) Les cinq fédérations syndicales de l'Education sont contents des précautions du ministre de l'Éducation nationale.
[교육 5개 협회는 교육부장관의 조치에 대해 만족해 한다]
☐ Vrai
☒ Faux

Justification : ______________________________
les cinq fédérations syndicales de l'Education appellent à une journée nationale de grève et de manifestations (...).

b) Le problème de salaire est aussi l'une des raisons de grève et de manifestations des syndicats de l'Éducation :
[봉급문제 또한 교육 협회의 파업과 시위의 이유들 중에 하나이다]
☒ Vrai
☐ Faux

Justification : ______________________________
Les cinq (...) pour protester contre les restrictions budgétaires et les suppressions de postes.

Partie 3

Production Ecrite

1. 시사적 관점

    국가적 차원에서 과거와 비교할 때 가장 두드러진 현상

2. 개인적 관점

    개인적으로 최근에 겪었던 일이나 변화된 것에 대한 내용

* 한 가지 사실에 대해 좋은 점과 나쁜 점을 구분하여 정리한다.

◆ Essai

À votre avis, quels ont été le ou les changements les plus importants des vingt dernierès années dans votre pays? Quels sont ceux qui ont été positifs ou ceux qui ont été négatifs selon vous? Vous écrivez un texte construit et cochant sur ce sujet (160-180 mots).

해 석

◆ Essai

À votre avis, quels ont été le ou les changements les plus importants des vingt dernierès années dans votre pays? Quels sont ceux qui ont été positifs ou ceux qui ont été négatifs selon vous? Vous écrivez un texte construit et cochant sur ce sujet (160-180 mots).

[당신 의견에, 당신의 나라에서 최근 20년 동안 가장 중요한 변화는 무엇이었는가? 당신 생각에 그 변화의 긍정적인 면과 부정적인 면은 무엇인가? 이 주제에 관련된 글을 작문하시오]

À mon avis, l'internet est le phénomène le plus remarquable des vingt dernierès années dans mon pays. L'internet devient un élément indispensable dans la vie et la plupart des jeunes ne peuvent plus vivre sans l'internet.

Pour l'avantage de l'internet, on peut dire tout d'abord la facilité des recherches sur les informations. Comme on partage des informations par l'internet, on peut obtenir les informations sans aucune difficulté du temps et de la place.

En revanche, Il faut admettre qu'il y ait beaucoup de problèmes sur l'internet. D'abord, on risque d'avoir le dégât fatal à cause de la révélation de l'information personnelle et il provoque un crime important. D'ailleurs, beaucoup de gens perdent trop de temps à jouer au jeu imaginaire par l'internet.

[내 생각에 우리나라에서 최근 20년 동안 가장 중요한 변화는 인터넷이다. 인터넷은 생활 에 없어서는 안될 요소가 되었고 대부분의 젊은이들은 인터넷 없이는 살 수 없다. 인터넷의 장점으로서는 무엇보다도 정보 탐색의 용이성을 들 수 있다. 인터넷을 통해 정보를 공유하기 때문에 우린 시간과 장소의 어떠한 어려움도 없이 정보를 얻을 수 있다. 반면, 인터넷에 많은 문제가 있다는 것을 인정해야 한다. 우선, 개인 정보의 노출로 인한 치명적인 피해를 가져올 수 있으며 중요한 범죄를 유발시킨다. 게다가, 많은 사람들은 인터넷을 통해 가상게임을 하느라 너무 많은 시간을 잃는다]

주요사항

1. 소유형용사

1) 형 태

인칭	한정된 명사			
	남, 여+ 모음	남+자음	여+자음	+ 자음
1. S	**mon**	**mon**	**ma**	**mes**
2. S	**ton**	**ton**	**ta**	**tes**
3. S	**son**	**son**	**sa**	**ses**
1. P	**notre**			**nos**
2. P	**votre**			**vos**
3. P	**leur**			**leurs**

a) 두 개의 모음이 만나는 것을 피하기 위해, 여성의 형태인 ma, ta, sa는 모음 또는 묵음의 h로 시작하는 여성 명사 앞에서 mon, ton, son으로 대체한다.

mon école (여성)　　ton hôtel [묵음의 h]

b) 소유형용사 leur와 간접목적보어 인칭대명사 leur를 구분해야 한다.

- 소유형용사 leur는 단수 (leur ami) 혹은 복수 (leurs amis)가 될 수 있는 반면 대명사 leur의 형태는 불변이다.
- 소유형용사는 항상 명사 앞에 위치하는 반면 대명사 leur는 동사에 위치한다.

Ils aiment leur chien. [그들은 그들의 개를 좋아한다 : 소유형용사]

Paul leur téléphone. [뽈은 그들에게 전화를 한다 : 대명사]

c) on

- on이 <그들 : ils>이나 <사람들 : les gens>을 의미하는 경우 소유형용사는 son, sa, ses인 반면, <우리들 = nous>인 경우에는 notre, nos가 된다 :

Dans la vie, on cherche toujours son bonheur.

[인생에서 사람들은 항상 자신의 행복을 추구한다]

Ma femme et moi, on adore notre enfant.

[내 아내와 나는 우리의 아이를 아주 좋아합니다]

2) 용 법

a) 소유형용사는 소유의 개념을 나타내며 명사의 보어의 가치를 갖는다.

Paul a une voiture. C'est la voiture de Paul. C'est sa voiture.

[뽈은 차를 가지고 있다. 그것은 뽈의 차이다.]

Marie et Jean ont un appartement, c'est l'appartement de Marie et Jean. C'est leur appartement.

[마리와 장은 아파트를 가지고 있다. 그것은 마리와 장의 아파트이다]

b) 소유형용사는 상황, 습관의 다소간 막연한 관계를 나타낼 수 있다.

Elle a passé ses examens.

[그녀는 시험을 통과했다 : 소유의 관계가 아닌 상황의 관계]

Tu as acheté ton pain?

[너 너의 빵을 샀니? 습관적으로 네가 사는 그 빵]

Je vais boire mon café.

[나는 내 커피를 마실꺼야 : 매일 습관적으로 내가 마시는 그 카페]

c) 애정이나 존경, 또는 업신여김이 깃든 표현

Alors, mon petit Jean, ça va bien?
[그래, 내 사랑하는 장, 잘 지내니?]
Oh, il n'est pas très malin, ton monsieur Machin.

d) 소유하고 있는 사람이 명확할 때 (예를 들어, 신체의 일부) 정관사가 소유형용사의 기능을 대체한다.

J'ai mal au ventre. [나는 배가 아파]
Il s'est cassé le bras. [그는 팔이 부러졌어]

e) 인칭대명사 en+정관사+명사는 소유형용사를 대체할 수 있다.

J'habite dans cette ville depuis 20 ans, et j'en connais toutes les rues. [= les rues de la ville]
[나는 20년 전부터 이 마을에 살고 있어, 그래서 이 마을의 모든 거리를 알지]

2. 비교급

우등비교	**plus A que B**	[B보다 더 A하다]
동등비교	**aussi A que B**	[B만큼 A하다]
열등비교	**moins A que B**	[B보다 덜 A하다]

1) 형용사 앞

Paul est plus **grand** que Jean. [뽈은 장보다 키가 더 크다]
Marie est aussi **grosse** que sa mère. [마리는 그의 어머니만큼 뚱뚱하다]
Luc est moins **fort** que Pierre. [뤽은 삐에르보다 덜 힘이 세다]

2) 부사 앞

Jean court plus **vite** que Paul. [장은 뽈보다 더 빨리 달린다]
Il travaille aussi **vite** que son ami. [그는 친구만큼 일을 빨리 해]
Paul bouge moins **vite** que Joe. [뽈은 조보다 덜 빨리 움직여]

3) 특별한 형태의 비교급

[형용사]	bon	Le vin italien est bon. [이탈리아 포도주는 맛이 좋다]
	meilleur	Le vin français est meilleur. [프랑스 포도주가 더 맛있다]
[부사]	bien	Marie chante bien. [마리는 노래를 잘한다]
	mieux	Aline chante mieux. [알린느가 노래를 더 잘해]

3. 강조구문

문장 안에 있는 특정 요소를 강조하는 경우에 사용하는 문장이다.

1) C'est+...+관계대명사

Qui va résoudre ce problème? C'est lui?
[누가 이 문제를 해결할래? 그 사람이니?]
– Ce n'est pas lui qui va résoudre ce problème.
[문제를 해결할 사람은 그가 아냐]
C'est moi qui ai gagné le grand prix.
[대상을 받은 사람은 나야]

2) C'est+....+que에 의해 유도되는 절

C'est à Paris que j'ai fait mes études.
[내가 공부를 한 곳은 파리에서야]
Ce n'est pas pour moi que je fais ça, c'est pour toi!
[내가 그것을 한 것은 나를 위한 것이 아니라 너를 위한 것이야!]

3) si .. c'est parce que... 또는 si ..., c'est que ...

Si je me lève tôt, c'est parce que je peux gagner du temps.
[내가 일찍 일어나는 것은, 시간을 절약할 수 있기 때문이야]
S'il n'a pas téléphoné, c'est que tout va bien.
[그가 전화를 하지 않는다는 것은, 모든 것이 잘 된다는 뜻이지]

4. 지시대명사 (le pronom démonstratif)

1) 형 태

단 수		복 수		중 성	
남 성	여 성	남 성	여 성	ce	
celui	celle	ceux	celles	c'+모음	
celui-ci	celle-ci	ceux-ci	celles-ci	ceci	cela
celui-là	celle-là	ceux-là	celles-là	ça	

2) 용 법

a) 단순형태 (celui, ceux, celle, celles)

① 전치사 de

- de+소유의 의미를 나타내는 명사

Quelle jolie voiture! Elle est à toi? [예쁜 차인데! 네꺼니?]

Non, c'est celle de mon père. [아니, 나의 아버지의 것이야]

- de+부사

Tu as regardé le match de football hier? [너 어제 축구 경기 봤니?]

Oui, mais celui d'aujourd'hui sera plus intéressant.

[응, 하지만 오늘 경기가 더 흥미로울꺼야]

- de+동사의 원형

Il aime beaucoup de sports et surtout celui de jouer avec une balle.

[그는 많은 운동을 좋아하는데, 특히 공을 가지고 하는 운동을 좋아한다]

② 관계대명사

Montrez-moi le livre, celui que vous lisez.

[당신이 읽고 있는 책을 제게 보여주세요]

Tu as vu le film, celui dont tout le monde parle en ce moment?

[너 요즘 모든 사람들이 말하고 있는 그 영화를 봤니?]

b) 복합형태(celui-ci, celui-là, ceux-ci, ceux-là, celle-ci, celle-là, celles-ci, celles-là)

① 문맥에 의해 한정되는 명사

Il a invité ses amis au dîner ; ceux-ci apportaient beaucoup de cadeaux.
[그는 저녁 식사에 친구들을 초대했어 ; 그들은 많은 선물을 가져왔어]

② 지시형용사가 선행하는 명사

Cette voiture est très belle, mais celle-là me semble plus pratique.
[이 자동차는 아주 예뻐, 하지만 저 차가 더 실용적일 것 같아]

③ 대립의 가치

– -ci는 가까운 것을 나타내고 -là는 먼 것을 나타낸다.

Celui-ci coûte plus cher que celui-là. [이것이 저것보다 더 비싸]

– -ci는 후자, -là는 전자를 나타낸다.

J'ai un chien et une chatte ; celle-ci est mignonne, mais celui-là est moche.
[나는 개와 고양이가 있어 : 고양이는 예쁜데 개는 못생겼어]

– -ci은 어떤 것, -là는 또 다른 어떤 것을 나타낸다.

Il y avait beaucoup de femmes, celles-ci chantaient, celles-là dansaient.
[많은 여인들이 있었는데 어떤 여인들은 노래했고 또 다른 여인들은 춤을 췄다]

c) 중성형 (ceci, cela, ça, c')

중성형 지시대명사들은 명사를 대신하는 것이 아니라 절을 대신한다. 따라서 생물을 나타내는 명사를 대체할 수 없다.

① 원칙적으로 ceci는 앞으로 언급할 내용을 대체하는 반면 cela는 이미 언급한 내용을 대체한다.

Écoutez bien ceci! : Vous devez partir demain.
[이것을 잘 들으세요] [당신은 내일 떠나야 해요]

② ça

– cela의 구어체적 표현이다.

Qu'est-ce que c'est que ça? [이게 도대체 뭐야?]

– 보어대명사를 동반한 비인칭 동사와 함께 쓰인다.

Tu aimes ce livre?　Non, ça ne me plaît pas.
[이 책을 좋아하니?]　[아니, 그것은 내 마음에 들지 않아]

Partie 4

Production Orale

- 1유형 : 개인적 생활이나 직장에 관한 질문
- 2유형 : 예상치 못한 상황에 처했을 때의 대화
- 3유형 : 주어진 기사 내용에 대한 자신의 의견 표명

◆ Consignes

Cette épreuve d'expression orale comportera 3 parties qui s'enchaîneront, et durera entre 10 et 15 minutes. Pour la 3e partie seule, le candidat dispose de 10 minutes de préparation. Cette préparation a lieu avant le déroulement de l'ensemble de l'épreuve.

Exercice 1 – Entretien informel

Présentation générale (2 à 3 minutes)
Parler de soi, de ses activités, de ses centres activités. Parler de son passé, de son présent et de ses projets. Cette épreuve permettera aussi de mettre le candidat à l'aise en parlant de lui. Elle se déroule en interaction sur le mode d'un entretien informel entre le candidat et l'examinateur qui amorcera le dialogue par une question du type :

L'examinateur
Quels sont vos projets professionnels?

Candiat :

해 석

◆ Consignes

Cette épreuve d'expression orale comportera 3 parties qui s'enchaîneront, et durera entre 10 et 15 minutes. Pour la 3e partie seule, le candidat dispose de 10 minutes de préparation. Cette préparation a lieu avant le déroulement de l'ensemble de l'épreuve.

[이 구어표현에 관한 시험은 연속으로 이어지는 세 개의 부분으로 구성되며 10-15분 정도 걸린다. 3번째 부분에 관해서만 지원자는 10분간의 준비시간을 갖게 된다. 이 준비는 시험 전체가 진행되기 전에 이루어진다]

Exercice 1 - Entretien informel [예제 1 -

Présentation générale (2 à 3 minutes)
Parler de soi, de ses activités, de ses centres activités. Parler de son passé, de son présent et de ses projets. Cette épreuve permettera aussi de mettre le candidat à l'aise en parlant de lui. Elle se déroule en interaction sur le mode d'un entretien informel entre le candidat et l'examinateur qui amorcera le dialogue par une question du type :

[일반적인 소개 (2-3분)
자기 자신과 생활 그리고 주된 생활에 대해 말하기. 과거, 현재 그리고 계획에 대해 말하기. 이 시험은 응시자가 자신에 대해 말하면서 긴장을 풀 수 있게 해줄 것이다. 이 시험은 응시자와 시험관이 하나의 유형에 관련된 질문에 관한 대화를 통해 진행될 것이다 :

L'examinateur [시험관]
Quels sont vos projets professionnels? [당신의 개인적인 계획은 무엇입니까?]

Candiat :
Comme je suis étudiant(e) du département du français à l'université, je voudrais continuer mes études s'il est possible. Puis, j'aimerais aller en

France pour visiter beaucoup de monuments comme la Tour Eiffel, l'Arc de triomphe, le musée du Louvre, etc. Après avoir terminé mes études, je voudrais travailler dans une entreprise française ou une compagnie qui a une relation avec la France.

[응시자 :
나는 대학 불문과 학생이므로 가능하다면 공부를 계속하고 싶습니다. 그리고 에펠탑, 개선문, 루브르 박물관 등 많은 기념물을 방문하기 위해 프랑스에 가고 싶습니다. 공부를 끝낸 후에는 프랑스 회사나 프랑스와 관련이 있는 기업에서 일을 하고 싶어요]

주요사항

1. 조건법현재

Je	**-rais**	Nous	**-rions**
Tu	**-rais**	Vous	**-riez**
Il, Elle	**-rait**	Ils, Elles	**-raient**

– 미래에 실현될 수 있는 사실

Si le temps permettait, je vous accompagnerais.
[시간이 허락되면, 당신과 동행할께요]

– 현재 실현되지 않은 사실

Si j'avais vingt ans de moins (maintenant), je vous épouserais.
[내가 지금 20살만 젊었어도, 당신과 결혼할텐데]

– 과거에 실현되지 못한 사실

Si j'avais obtenu le permis de conduire (hier), je conduiserais.
[내가 면허증을 땄기만 했어도, 운전을 할텐데]

☺ 독립절에서의 조건법

– 추측에 연관되어 발생될 수 있는 일

Ne faites pas de bruit; l'enfant s'éveillerait.
[소리내지 마세요. 애가 깰 수도 있어요]

– 부드럽거나 겸손의 표현이나 확실하지 않은 가정

Je voudrais vous parler.
[당신과 말하고 싶어요]
On dirait qu'il a peur.
[그가 두려워하는 것 같은데]

2. gérondif : en+-ant

– 원 인

En voyant son embarras, la police se fit plus aimable.
[그가 당황해하는 것을 보고, 경찰은 좀 더 부드럽게 대했다]

– 조건, 추측

Elle réussirait mieux, en s'y prenant autrement.
[그것을 다르게 생각한다면 그녀는 더 성공할 수 있을꺼야]

– 동시성

Ne lis pas en mangeant.
[먹으면서 읽지 마라]

– 양태, 방법

En forgeant on devient forgeron.
[자꾸 단련해야 숙달된다]

Exercice 2 – Exercice en interaction

Au choix par tirage au sort :

Sujet (3 à 4 mn)

Faire face à une situation inhabituelle.

Vous êtes monté dans le RER et vous êtes assis sur la place de première classe avec le billet de seconde classe car vous ne saviez pas qu'il existait la première classe au RER. Le contrôleur s'approche de vous et veut vous mettre une amende.

Vous essayez de le convaincre de votre bonne fois mais celui-ci ne veut pas vous croire. L'examinateur joue un rôle du contrôleur.

해 석

Sujet (3 à 4 mn) [주제 (3-4분)]

Faire face à une situation inhabituelle. [갑작스런 상황에 접했을 때]

Vous êtes monté dans le RER et vous êtes assis sur la place de première classe avec le billet de seconde classe car vous ne saviez pas qu'il existait la première classe au RER. Le contrôleur s'approche de vous et veut vous mettre une amende.

Vous essayez de le convaincre de votre bonne fois mais celui-ci ne veut pas vous croire. L'examinateur joue un rôle du contrôleur.

[당신은 국철을 탔고 2등칸 표를 가지고 1등칸에 탔는데 왜냐하면 국철에 1등칸이 있는 것을 알지 못했기 때문이다. 표검시관이 당신에게 다가와서 벌금을 매기려고 한다.

표검시관을 애써 설득하려고 하지만 그는 당신을 믿으려고 하지 않는다. 시험관이 검표 검사원의 역할을 한다]

– Écoutez monsieur! Je ne savais vraiment pas qu'il existait la première classe au RER. Ça fait à peine une semaine que je suis arrivé en France. Je n'avais pas le temps de le savoir.
[내 말을 들어보세요! 나는 국철에 1등칸이 있는지 정말 몰랐어요. 나는 프랑스에 도착한 지 겨우 일주일 됐어요. 그런 사실을 알 수 있는 시간이 없었다니까요]

– Mais ça, c'est votre problème. D'ailleurs, comment je peux vous croire?
[하지만 그것은 당신의 문제입니다. 게다가, 내가 당신을 어떻게 믿죠?]

– Je vais vous montrer mon passeport. Le jour de mon arrivée en France est marqué dans le passeport.
[당신에게 여권을 보여줄께요. 프랑스에 도착한 날이 여권이 표시되어 있어요]

– Même si c'est vrai, vous devez payer une amende. La règle, c'est la règle.
[그것이 사실이라 하더라도 벌금을 내야 합니다. 규칙은 규칙이니까요]

– Mais, il n'y a pas de règle sans exception, monsieur. D'ailleurs, comme je suis étudiant, je n'ai pas d'argent.
[하지만 예외없는 규칙은 없잖아요. 게다가 나는 학생이기 때문에 돈이 없어요]

– Je suis désolé, mais je n'ai pas le choix. Je dois faire mon travail.
[유감스럽지만 선택의 여지가 없어요. 난 내 일을 해야 하니까요]

– Faites ce que vous voulez. De toute façon, je n'ai aucune l'intention de payer une amende.
[당신 원하는 대로 하세요. 어쨌거나 나는 벌금을 물을 생각이 전혀 없으니까요]

주요사항

1. être와 결합하는 동사들

1) 장소의 변화 또는 이동을 나타내는 동사들

aller [–에 가다]	Je suis allé à lécole. [나는 학교에 갔다]
venir [–에 오다]	Il est venu me voir. [그는 나를 보러 왔다]
arriver [도착하다]	Il est arrivé à l'heure. [그는 정시에 도착했다]
partir [떠나다]	Elle est partie ce matin. [그녀는 오늘 아침에 떠났다]
entrer [들어오다]	Il est entré dans sa chambre. [그는 자기 방으로 들어갔다]
sortir [나가다]	Elle est sortie sans rien dire. [그녀는 아무 말 없이 나갔다]
monter [오르다]	Il est monté à la montagne. [그는 산에 올랐다]
descendre [내려가다]	Il est descendu par l'escalier. [그는 계단으로 내려왔다]
passer [지나가다]	Il est passé par la fenêtre. [그는 창문으로 지나갔다]
tomber [떨어지다]	L'échelle est tombée. [사다리가 쓰러졌다]

2) 모든 대명동사들

Je me suis levé à 7 heures. [나는 7시에 일어났다]

Je me suis lavé les mains. [나는 손을 씻었다]

2. 양태 조동사 (les auxiliaires modaux)

1) devoir

Je	dois	Nous	devons
Tu	dois	Vous	devez
Il, Elle	doit	Ils, Elles	doivent

– 의무 (l'obligation : [해야 한다])

Je dois terminer ce travail avant midi.

[나는 이 일을 정오 전에 끝내야 한다]

– 강한 가능성

Paul n'est pas venu à l'école, il doit être malade.

[뽈이 학교에 오지 않은 걸 보니, 아픈 것임에 틀림없어]

Elle n'est pas venue, elle a dû rater son avion.

[그녀는 오지 않은 것을 보니, 비행기를 놓친 게 틀림없어]

2) pouvoir

Je	peux	Nous	pouvons
Tu	peux	Vous	pouvez
Il, Elle	peut	Ils, Elles	peuvent

– 가능성

Je peux changer le billet d'avion?

[제가 비행기표를 바꿀 수 있나요?]

– 물리적 능력

Il peut courir 100 mètres à dix secondes.

[그는 100미터를 10초에 달릴 수 있다]

– 허 가

Tu peux sortir. [너는 외출해도 돼]

3) vouloir

Je	veux	Nous	voulons
Tu	veux	Vous	voulez
Il, Elle	veut	Ils, Elles	veulent

– 소 망

Je veux devenir médecin comme lui.
[나는 그처럼 의사가 되고 싶어]

Exercice 3

Sujet No 1 Préparation : 10 minutes

Objectifs :
- Identifier un sujet de discussion à partir d'un texte déclencheur.
- Donner son opinion et en débattre avec l'examinateur.

Consigne
Vous dégagerez le thème soulevé par le document ci-dessous. Et vous présenterez votre opinion sous la forme d'un petit exposé de 3 minutes environ. L'examinateur pourra vous poser quelques questions.

Grève des médecins à diplôme étranger à partir de samedi

Les médecins à diplôme étranger feront la grève des soins urgents ce week-end. Ils exigent les mêmes statut et salaire que leurs confrères français.

Faute d'accord avec le ministère de la santé, l'intersyndicale des médecins hospitaliers exerçant en France et titulaires d'un diplôme étranger a renouvelé mercredi son appel à la grève des soins urgents durant tout le week-end du 15 août, afin d'exiger un statut et un salaire équivalent à ceux de leurs confrères français. Le préavis de grève va du samedi 12 au mardi 15 août, alors que ces médecins estiment qu'ils assurent à plus de 80% la permanence des soins en période estivale.

NOUVELOBS.COM | 11.08.06 | 09:31

해 석

Sujet No 1 Préparation : 10 minutes [주제 1번 : 준비 : 10분]

Objectifs : [목표]

- Identifier un sujet de discussion à partir d'un texte déclencheur.
  [주어진 텍스트로부터 대화의 주제를 동일시하기]
- Donner son opinion et en débattre avec l'examinateur.
  [자신의 의견을 말하고 감독관과 토론하기]

Consigne

Vous dégagerez le thème soulevé par le document ci-dessous. Et vous présenterez votre opinion sous la forme d'un petit exposé de 3 minutes environ. L'examinateur pourra vous poser quelques questions.

[당신은 아래에 있는 문서를 통해 제기되는 주제를 추출해야 합니다. 그리고 대략 3분 정도의 짧은 발표형식으로 당신의 의견을 말하세요. 감독관이 당시에게 몇 가지 질문을 할 것입니다]

Grève des médecins à diplôme étranger à partir de samedi

Les médecins à diplôme étranger feront la grève des soins urgents ce week-end.

Ils exigent les mêmes statut et salaire que leurs confrères français.

Faute d'accord avec le ministère de la santé, l'intersyndicale des médecins hospitaliers exerçant en France et titulaires d'un diplôme étranger a renouvelé mercredi son appel à la grève des soins urgents durant tout le week-end du 15 août, afin d'exiger un statut et un salaire équivalent à ceux de leurs confrères français. Le préavis de grève va du samedi 12 au mardi 15 août, alors que ces médecins estiment qu'ils assurent à plus de 80% la permanence des soins en période estivale.

NOUVELOBS.COM | 11.08.06 | 09:31

[토요일부터 외국에서 자격증을 받은 의사들의 파업]

외국에서 자격증을 받은 의사들이 이번 주 응급실의 파업을 시작할 것이다. 이들은 자신들의 동료 프랑스인들과 같은 직위와 봉급을 요구하고 있다. 보건부 장관과 타협을 보지 못한 외국에서 자격증을 취득하고 프랑스에서 활동하고 있는 병원 근무 의사 국제 조합은 자신들의 프랑스 동료 의사들과 동일한 대우와 봉급을 주장하기 위해 8월 15일 주말 내내 응급실에서 파업할 것을 수요일날 결정했다. 파업기간은 8월 12일 토요일부터 15일 화요일까지로 예정되어 있는데 이 의사들은 피서기간 동안 응급실의 80프로가 넘는 인원이 참가할 것으로 예상하고 있다]

A :

Je pense que c'est un problème très délicat. Normalement, il n'est pas juste de considérer différemment les médecins qui ont obtenu le diplôme étranger avec ceux qui ont fait le diplôme en France. Je ne pense pas qu'on ne donne facilement le diplôme de médecin selon les pays parce que c'est un métier qui se lie avec la vie d'être humain.

[나는 이것은 매우 섬세한 문제라고 생각합니다. 정상적으로 외국에서 자격증을 딴 의사들과 프랑스에서 자격증을 딴 의사들과 다르게 생각한다는 것은 옳지 않습니다. 나는 나라에 따라서 의사 자격증을 쉽게 주지는 않는다고 생각하는데 왜냐하면 이것은 사람의 목숨과 연관된 직업이기 때문입니다]

<Question>

B :

Vous avez peut-être raison. Alors, à votre avis, tous les médecins ont le même capacité?

[당신이 옳을 수도 있죠. 그렇다면, 당신 의견에는 모든 의사들이 같은 능력을 가지고 있다고 보십니까?]

A :

On peut se demander s'il n'y pas de différence sur la qualité. Par exemple, un médecin diplômé au pays plus developpé a plus de capacité que celui diplômé au pays sous-developpé. Mais, en ce qui concerne la capacité du médecin, elle peut être différenciée entre les médecins même s'ils obtiennent le diplôme dans le même pays.

[능력 면에서 차이가 없을지 의문을 가질 수 있습니다. 예를 들어 선진국에서 자격증을 딴 의사가 후진국에서 자격증을 딴 의사보다 더 능력이 있을 수 있습니다. 그러나 의사의 능력에 있어서는 비록 같은 국가에서 자격증을 따더라도 의사들 간에 차별이 있을 수 있습니다]

B :

Qu'est-ce qui ce passe chez vous? [당신 나라에서는 어떻죠?]

A :

J'ai entendu parler que certaines personnses vont au pays sous-développé comme Vitenam pour obtenir le diplôme du médecin plus facilement. Mais, on ne peut pas généraliser ce genre de cas. En ce qui concerne la qualité du médecin, c'est un problème des médecins eux-même. Plus on fait des efforts, plus on peut avoir la réputation.

[몇몇 사람들이 의사 자격증을 좀 더 쉽게 얻기 위해 베트남과 같은 후진국으로 간다는 소리를 들었습니다. 그러나 이런 경우를 일반화시켜서는 안됩니다. 의사의 자질에 관해서는 의사들 각자의 문제입니다. 노력을 한만큼, 명성을 얻을 수 있는 것이죠.]

2

두 번째 부분

1. 듣기 평가

Document 1 : 여행을 주제로 한 대화체 문장 유형
Document 2 : 여행정보 에 관한 안내 방송
Document 3 : 프랑스 파리에 대한 최근 화제에 관한 방송 (영화 축제)

2. 독해 평가

Exercice 1 : 어학연수에 관한 내용
Exercice 2 : 프랑스의 개학과 관련된 교사들의 파업 내용

3. 작문 평가

최근 한국에서 가장 변화한 사항에 대한 작문 (휴대폰 사용과 장단점)

4. 말하기 평가

Exercice 1 : 최근 방학 또는 휴가에 있었던 일에 관한 내용
Exercice 2 : 뜻하지 않은 상황에 접했을 때의 대화 (TV의 구입과 관련된 내용)
Exercice 3 : 특별한 주제에 관련된 기사를 읽고 자신의 의견을 요약 발표하는 동 시에 이와 관련된 내용의 질의 응답 (프랑스의 만화방)

Partie 1

Compréhension de l'oral

◆ Consignes

Vous allez entendre trois documents sonores, correspondant à des situations différentes. Pour premier et le deuxième document, vous aurez :

- 30 secondes pour lire des questions ;
- une première écoute, puis 30 secondes de pause pour commencer à répondre aux questions :
- une deuxième écoute, puis 1 minute de pause pour compléter vos réponses.

Répondez aux questions, en cochant (☒) la bonne réponse, ou en écrivant l'informations demandée.

◆ Conversation

Document 1

1. Quel était le principal inconvénient du voyage de Patrick?
   - ☐ La nourriture.
   - ☐ La chaleur.
   - ☐ Le froid.

2. Combien de pays a-t-il visité?
   - ☐ Six.
   - ☐ Sept.
   - ☐ Huit.

3. Son voyage s'est terminé :
   - ☐ en France.
   - ☐ en Allemand.
   - ☐ en Italie.

4. Quel sentiment éprouve Patrick?
   - ☐ Il n'est pas content de son voyage.
   - ☐ Il n'est jamais fatigué après son voyage.
   - ☐ Il est un peu fatigué, mais content de son voyage.

5. L'été prochain, Patrick partira en voyage tout seul.
   - ☐ Vrai
   - ☐ Faux
   - ☐ On ne sait pas

6. Où pense-t-il aller?
   - ☐ En Asie
   - ☐ En Europe
   - ☐ En Inde

해 석

– Alors, Patrick, ton voyage? Comment ça s'est passé?
[그래 빠트릭. 네 여행은? 어떻게 보냈니?]

– Euh, pas mal, sauf le froid. Il a fait un froid de canard. Moins 20 degrés pendant toute la durée du voyage, sauf en Italie, où il faisait un peu plus chaud.
[나쁘지 않았어, 추운 것만 빼면. 정말 추웠어. 여행 내내 영하 20도였는데 이탈리아만 약간 더 더웠어]

– Et la nourriture? Tu n'as pas été malade?
[그리고 음식은? 아프지 않았니?]

– Pas du tout. Tu sais bien que j'adore les spahgetti et les pizza? Comme on peut en manger à n'importe où, alors, je n'ai eu aucun problème.
[전혀. 내가 스파게티 하고 피자를 아주 좋아하는거 알지? 이것들은 아무데서나 먹을 수 있기 때문에 아무 문제없었어]

– Tu as visité combien de pays? [몇 개의 나라를 다녔니?]

– Euh, je suis parti de la France et je suis descendu jusqu'à l'extrême sud de l'Italie en visitant la Suède, la Belgique, la Suisse et l'Allemagne. J'ai vu 6 pays. Non, attends, 7, si j'inclus le Luxembourg où j'ai changé de train, mais que je n'ai pas eu le temps de visiter.

[프랑스에서 출발하여 스웨덴, 벨기에, 스위스 그리고 독일을 거쳐 이탈리아 남부 끝까지 내려갔어. 6개의 국가를 다녔지. 아니, 잠깐, 기차를 갈아탔던 룩셈부르그까지 7개의 나라야. 그렇지만 방문할 시간은 없었어]

– Tu as dû être fatigué, après le voyage... [너 여행하고 나서 피곤하지...]

– Un peu oui, j'ai voyagé en Europe pendant 2 mois. Mais, j'ai vu des sites magnifiques, j'ai rencontré des gens sympas. Même si le voyage a été très fatigant, je repartirais n'importe quand.
[약간, 2달 동안 유럽을 여행했거든. 그렇지만 아름다운 곳을 봤고 상냥한 사람들을 만났어. 비록 여행이 피곤했지만 아무 때라도 다시 떠날 거야]

– Alors, le prochain voyage, c'est pour quand? [그럼 다음 여행은 언제인데?]

– Je ne sais pas encore. Mais, j'aimerais voyager en Asie l'été prochaine. J'ai un ami coréen qui m'a proposé de voyager ensemble.
[아직 모르겠어. 하지만 다음 여름에는 아시아를 여행했으면 해. 한국 친구가 내게 여름에 함께 여행하자고 제안했거든]

– J'y suis allé l'année dernière. J'y ai passé d'excellentes vacances.
[그곳에 작년에 갔었어. 아주 훌륭한 휴가를 그곳에서 보냈지]

주요사항

1. pendant

– 지속성을 나타내는 명사가 뒤에 올 수 있다.

Qu'est-ce que tu vas faire pendant les vacances?
[방학 동안에 뭐할꺼니?]

– 전치사는 다음과 같은 경우 사용되지 않을 수 있다.

1) 보어가 숫자인 경우

J'ai dormi pendant deux heures. J'ai dormi deux heures.
[나는 두 시간 동안 잠을 잤다]

2) 보어가 시간을 나타내는 표현인 경우, 형용사 tout(e)가 지속성을 강조할 때

Il a travaillé (pendant) toute la nuit.
[그는 밤새 일을 했다]
Il a pleuré (pendant) toute la journée.
[그는 하루 종일 울었다]

2. tout

1) 형용사 :

– 전체 중에서 하나하나를 나타내는 경우

단수 : tout (남성단수), toute (여성단수)의 형태이며 한정사없이 chaque와 같은 의미를 갖지만 chaque 보다는 덜 사용된다.

Il me dérange tout instant.
[그는 매 순간 나를 방해한다]

복수 : tous (남성단수), toutes (여성단수)로서 한정사와 함께 쓰여 수 앞에서 분포적 가치를 갖는다. 이 경우, chaque를 사용해서는 안된다.

Il se repose touts les cinquante minutes.
[그는 50분마다 휴식한다]
(* chaque cinqauante minutes)

– 전체 중에서 요소들을 전체적으로 지칭하는 경우

단수 : tout, toute로서 전체를 나타내며 한정된 한정사가 뒤에 위치한다.

Il travaille toute la journée.
[그는 하루 종일 일한다]
Tout le monde est venu.
[모든 사람들이 왔다?]

복수 : tous, toutes로서 전체를 나타내며 뒤에 부정 한정사가 위치한다.

J'ai lu tous les livres que tu m'as achetés.
[네가 나에게 사준 모든 책들을 읽었어]

고유명사 앞에는 한정사를 붙이지 않는다 :

J'ai lu tout Proust.
[나는 프루스트의 모든 책을 읽었다]

또한, deux, trois와 같은 숫자가 뒤에 위치하는 경우 한정사를 써도 되고 안써도 무방하다.

J'ai deux amis ; tous (les) deux sont médecins.
[나는 두 친구가 있다 ; 둘 다 의사다]

2) 부 사

- 단수 : 전체를 나타내며 명사의 모든 기능을 수행한다.
  Tout va bien [주어 : 모든 것이 잘 되간다]
  Elle s'occupe de tout. [간접목적보어 : 그녀가 모든 것을 담당한다]
  복합시제에서 조동사와 과거분사 사이에 위치한다.
  Elle a tout lu. [그녀는 모든 것을 다 읽었다]
- 복수 : 사람 또는 사물
  Ils sont tous intelligents. [그들은 모두 영리하다]

tout은 또한 부사로서 <매우, 완전히>의 의미를 갖는다.
Il est tout content. [그는 매우 만족해 한다]
Il est tout petit. [그는 키가 아주 작다]

3. y의 용법

- 전치사 à가 선행하는 무생물을 나타낸다.

Tu participes à cette réunion?	Oui. j'y participe.
[너 이 회의에 참석할꺼야?]	[응, 거기에 참석할꺼야]
Elle s'intéresse à la soirée dansante?	Oui, elle s'y intéresse.
[그녀는 무도회에 관심이 있니?]	[응, 그것에 관심 있어 해]

- 상황을 나타내는 장소 또는 예정지를 나타내기도 한다.

Vous allez à Paris?	Oui, j'y vais.
[당신 파리에 갑니까?]	[예, 그곳에 갑니다]
Il rentre chez lui?	Non. il n'y rentre pas.
[그는 자기 집으로 돌아가니?]	[아니, 그곳으로 가지 않아]

- 절 혹은 부정법 전체를 대체할 수 있다
  Vous vous attendiez à ce qu'il accepte votre proposition?
  [당신은 그가 당신의 제안을 받아들일 것을 기대했습니까?]
  Non, je ne m'y attendais pas.
  [아니오, 그것을 기대하지 않았어요]

정 답

1. Quel était le principal inconvénient du voyage de Patrick?
   [빠트릭의 여행의 주된 불편한 점은 무엇이었는가?]
   - ☐ La nourriture. [음식]
   - ☐ La chaleur. [더위]
   - ☒ Le froid. [추위]

2. Combien de pays a-t-il visité? [그는 몇 나라를 여행했는가?]
   - ☐ Six. ☒ Sept. ☐ Huit.

3. Son voyage s'est terminé : [그의 여행은 ___에서 끝났다]
   - ☐ en France. ☐ en Allemand. ☒ en Italie.

4. Quel sentiment éprouve Xavier? [빠트릭은 어떠한 느낌을 가졌는가?]
   - ☐ Il n'est pas content de son voyage.
     [여행에 만족하지 않았다]
   - ☐ Il n'est jamais fatigué après son voyage.
     [여행 후 결코 피곤하지 않았다]
   - ☒ Il est un peu fatigué, mais content de son voyage.
     [약간 피곤했지만 여행에 대해 만족한다]

5. L'été prochain, Xavier ira en voyage tout seul.
   [다음 여름에 자비에는 혼자 여행을 할 것이다]
   - ☐ Vrai ☒ Faux ☐ On ne sait pas

6. Où pense-t-il aller? [그는 어디를 갈 생각인가?]
   - ☒ En Asie ☐ En Europe ☐ En Inde

◆ Emissions de radio et enregistrements

Document 2

1. Ce document est :
   - ☐ une publicité sur une agence.
   - ☐ un récit d'une expérience personnelle.
   - ☐ un document informatif.

2. Une croisière, c'est de voyager :
   - ☐ en train
   - ☐ en bateau
   - ☐ en avion

3. Il faut ______________________ pour faire une croisière satisfaisante :
   - ☐ gagner beaucoup d'argent
   - ☐ bien préparer
   - ☐ choisir un transport très luxeux

4. Qu'est-ce qu'on doit compter pour faire un bon choix?

   ____

5. Thierry Beaumont propose 100 croisières pour 100 destinations.
   - ☐ Vrai
   - ☐ Faux
   - ☐ On ne sait pas

해 석

Croisières. Une sélection de 100 destinations
[항해여행. 100 예정지의 선택]

Tous les conseils et les critères pour bien choisir sa croisière avant de partir (où? quand? combien de temps? combien d'escales?), et de nombreuses idées de destinations. Vous avez décidé de partir en croisière et de réaliser un rêve qui va se traduire par un investissement financier important. Bonne idée, c'est le moment ou jamais de mettre toutes les chances de réussite de votre côté. Une croisière satisfaisante est une croisière bien préparée! De nombreux critères entrent en ligne de compte pour faire votre choix : la destination, la meilleure saison, le bateau, l'organisation. Il faut également s'intéresser aux escales, à la qualité de la cabine et aux services à bord. Thierry Beaumont a sélectionné 100 croisières pour 100 destinations et vous donne son avis de spécialiste sur chacune d'elles.

[떠나기 전에 항해여행을 잘 선택하기 위한 모든 충고와 평가 (어디, 언제, 얼마나, 기항지는 등), 그리고 행선지에 대한 여러 가지 생각들이 있습니다. 당신이 항해여행을 결정했고 중요한 재정적 투자를 통해 얻을 수 있는 꿈을 실현시키기로 결정했다면 좋은 생각이십니다. 왜냐하면 지금이야말로 당신의 입장에서 성공할 수 있는 모든 기회를 쏟을 때이니까요. 만족스러운 항해여행은 잘 준비된 항해여행입니다! 당신이 선택할 때 생각해야할 많은 선택들이 있습니다 : 행선지, 가장 좋은 계절, 선박, 회사. 또한 기항지, 선실의 등급과 배에서의 서비스 등에서 관심을 가져야 합니다. 띠에리 보몽이 100개의 행선지로 떠나는 100가지 항해여행을 선별하여 이들 각자에 대해 전문가적 의견을 당신께 제공할 것입니다]

France-Info, Croisières. Une sélection de 100 destinations, 13 août 2006

주요사항

1. des → de (d' +모음)+형용사+명사

J'ai passé des vacances bien amusantes.
[나는 아주 재미있는 휴가를 보냈어]
→ J'ai passé de bonnes vacances. [나는 좋은 휴가를 보냈어]
(d'excellentes vacances)

☼ 형용사가 뒤에 오는 명사와 함께 복합명사를 형성하는 경우가 있는데, 이 경우, 복수형태의 부정관사 (des) 는 변하지 않는다.

des grandes personnes　　des jeunes gens　　des jeunes filles
des petits garçons　　des petites filles

부정관사의 복수형인 des와 전치사 de+정관사 복수형의 les의 des와 혼동되는 경우가 있다 :

Voilà d'autres enfants [부정관사] [여기에 다른 아이들이 있습니다]
Ce sont les enfants des autres mères. [전치사 de+les]
[그들은 다른 엄마들의 아이들 입니다]

2. 품질형용사의 성

1) -e로 끝나는 형용사는 남성과 여성에서 형태가 같다.

Il est sympathique.　Elle est sympathique.

2) 남성형+-e

un grand arbre [큰 나무]　　une grande maison [큰 집]

3) **-c** : **-que**　turc [터키의] – turque　　public [공공의] – publique
☺　grec [그리이스의] – grecque
-che　franc [솔직한] – franche

4) **-f** : **-ve**　actif [활동적인] – active　　neuf [새로운] – neuve
sauf [안전한] – sauve　　vif [생생한] – vive

5) **-el : -elle** cruel [잔인한] – cruelle nul [형편없는] – nulle

6) **-eil : -eille** pareil [동일한] – pareille

7) **-n : -ne** fin [섬세한] – fine brun [갈색의] – brune

☺ **-ien : -enne** italien [이탈리아의] – italienne

8) **-er : -ère** léger [가벼운] – légère cher [친애하는] – chère

premier [첫번째의] – première

9) **-s : -sse** bas [낮은] – basse gros [살찐] – grosse

épais [두꺼운] – épaisse

10) **-et : -ette** muet [벙어리의] – muette

☺ **-et : ète** complet [완전한] – complète

secret [비밀의] – secrète

concret [구체적인] – concrète

inquiet [걱정스런] – inquiète

☺ 모음이나 묵음의 h로 시작하는 남성 단수 앞에서 어떤 형용사들은 그 형태가 변한다.

남성단수	모음, 묵음의 h 의 남성 단수	여성단수
mou [물렁한]	mol	molle
beau [아름다운]	bel arbre	belle fille
vieux [낡은]	vieil homme	vieille femme

정답

1. Ce document est : [이 글은 ________ 이다]

☐ une publicité sur une agence.
[여행사에 대한 광고이다]

☐ un récit d'une expérience personnelle.
[개인 경험에 대한 이야기이다]

☒ un document informatif.
[정보성의 글이다]

2. Une croisière, c'est de voyager : [항해여행이란 ___으로 여행하는 것이다]
   - ☐ en train
   - ☒ en bateau
   - ☐ en avion

3. Il faut ______________________ pour faire une croisière satisfaisante : [만족스러운 항해여행을 하기 위해서는 _________한다]
   - ☐ gagner beaucoup d'argent [많은 돈을 벌어야]
   - ☒ bien préparer [잘 준비해야]
   - ☐ choisir un transport très luxeux [매우 사치스런 교통수단을 선택해야]

4. Qu'est-ce qu'on doit compter pour faire un bon choix? [좋은 선택을 하기 위해서 무엇을 계산해야 하는가?]
   Il faut considérer la destination, la meilleure saison, le bateau, l'organisation.

5. Thierry Beaumont propose 100 croisières pour 100 destinations. [띠에리 보몽은 100 행선지에 대한 100가지 항해여행을 제안한다]
   - ☒ Vrai
   - ☐ Faux
   - ☐ On ne sait pas

Document 3

Vous allez entendre un document sonore. Vous aurez tout d'abord 1 minute pour lire les questions, puis vous entendrez deux fois l'enregistrement avec une pause de 3 minutes entre les deux écoutes. Après la deuxième écoute, vous aurez encore 2 minutes pour compléter vos réponses.

Répondez aux questions, en cochant la bonne réponse, ou en écrivant l'information demandée.

1. Il s'agit de :
   - ☐ l'opération sur le film.
   - ☐ l'opération sur le sport.
   - ☐ l'opération sur la santé.

2. Cette opération a commencé en :
   - ☐ 2002
   - ☐ 2003
   - ☐ 2004

3. Cette opération a eu un grand succès.
   - ☐ Vrai
   - ☐ Faux
   - ☐ On ne sait pas

4. Qui a lancé cette opération?
   - ☐ la mairie de Paris
   - ☐ le comissariat de Paris
   - ☐ le SAMU de Paris

5. Combien de personnes ont-ils répondu au sondage?
   - ☐ 1000
   - ☐ 10000
   - ☐ 100000

6. À partir de quel âge fait-on le sondage?
   - ☐ 10
   - ☐ 15
   - ☐ 25

7. Beaucoup de spectateurs étaient au courants de l'opération "3 jours 3 euros".
   - ☐ Vrai
   - ☐ Faux
   - ☐ On ne sait pas

8. Pourquoi les gens sont allés voir les films?

____

해 석

Cinéma: début de l'opération "3 jours 3 euros" à Paris

Tous les cinémas de la capitale participeront du 20 au 22 août à l'opération "3 jours 3 euros", une opération lancée en 2002 par la mairie de Paris en collaboration avec la Fédération Nationale des Cinémas Français pour relancer la fréquentation des cinémas à la fin de l'été.

L'an dernier, 275.000 spectateurs avaient profité de l'aubaine, rappelle la mairie dans un communiqué jeudi.

Cette manifestation concerne les 376 salles de la capitale, pour toutes les séances.

Les spectateurs pourront ainsi découvrir des films de la rentrée comme "La science des rêves" de Michel Gondry, "Ça brûle" de Claire Simon, "J'invente rien" de Michel Leclerc, "Miami Vice, deux flics à Miami" de Michael Mann...

Selon une récente étude IPSOS, réalisée auprès de 1.000 Parisiens de 15 ans et plus, allant au cinéma au moins une fois par an, l'opération "3 jours 3 euros" bénéficie d'une forte notoriété. Près des deux-tiers des personnes interrogées la connaissent, dont 66% des 15-24 ans et 62% des 25 ans et plus en ont profité pour aller voir un film. Leur motivation est le prix modique d'une place. La liste des films diffusés est consultable sur www.cinema.paris.fr, précise la mairie.

PARIS (AFP), 20 Août 2006 12h21

[영화 : 파리에서 "3유로로 3일 동안" 계획 초]

[수도(파리)의 모든 극장들이 여름 말 파리 시청이 모든 극장들의 입장수를 늘리기 위해 프랑스 영화국제 연맹과 함께 공조하여 2002년에 시작하였던 "3유로에 3일" 계획에 대해 8월 20부터 22일까지 참가할 것이다.

[지난해 275,000 관객이 혜택을 입었다고 목요일 시청에서 공식발표가 있었다. 이 행사는 수도에 있는 376개의 영화관이 모든 횟수에 관여한다. 그래서 관객들은 미셸 공드리의 "꿈의 학문", 끌레르 씨몽의 "그것이 불탄다", 미셸 르글렉의 "난 아무것도 발명하지 않는다", 미셸 만의 "미아미의 두 형사"와 같은 개봉작들을 볼 수 있다.

[일년에 적어도 한번 극장에 가는 15살과 그 이상의 1,000명의 파리시민을 대상으로 실시된 IPSOS의 최근 보고에 따르면, "3유로로 3일" 시행으로 인해 많은 극장 수입을 올린 것으로 조사되었다. 이 시행을 알고 있는 15-24세의 66%와 25살과 그 이상 62%의 사람들, 그리고 인 조사대상의 3분의 2가 영화를 보러갈 때 이 기회를 이용하였다. 이들의 동기는 좌석의 저렴한 가격이다. 상영되는 영화들의 목록은 www.cinema.paris.fr 에서 확인할 수 있다고 시청은 구체적으로 밝혔다]

주요사항

1. 대과거 (le plus-que-parfait) : avoir, être의 반과거+과거분사

– 두 개의 과거에 일어난 사건 중, 먼저 일어난 것을 나타냄.

Depuis qu'il avait reçu cette lettre, il restait songer.
[그는 이 편지를 받자마자, 생각에 잠겼다]

– quand, après que 뒤에 쓰여 반복을 나타낸다. 이때 주절의 동사는 반복의 반과거이다.

Quand il avait bien déjeuné, il était de bonne humeur.
[그는 점심을 잘 먹고 나면, 기분이 매우 좋곤 했다]

2. en의 용법

– 부정관사 혹은 부분관사가 선행한 명사

Tu as un chien? Oui j'en ai un.
[너 개 가지고 있니?] [응, 한 마리를 가지고 있어]

Vous avez des enfants? Oui, j'en ai deux.
[아이들이 있어요?] [예, 두 명 있습니다]
Tu as de la chance. Tu en as toujours.
[너는 운이 좋구나. 너는 항상 그래]

– 전치사 de가 선행하는 사물명사

Je m'occupe de ces affaires. = Je m'en occupe.
[내가 그 일을 맡을게]
Il s'occupe de sa mère. = Il s'occupe d'elle.
[그는 어머니를 돌본다]

– 명사의 보어

Tu as vu l'émission sur les animaux hier?
[너 어제 동물들에 대한 방송을 봤니?]
J'en ai vu une partie seulement. [=une partie de l'émission]
[단지 일부만 봤어]

– 출신지 또는 근원지의 장소에 대한 보어

Tu es déjà allé chez Marie? Oui, j'en arrive juste à l'instant.
[=j'arrive de chez elle]
[너 마리네 집에 벌써 갔었니?] [응, 거기에서 막 오는 길이야]

3. 현재 분사 (participe présent) : + -ant

– 형용보통 품질형용사처럼 명사의 특성을 나타낸다. 이 경우, 명사와 성과수에서 일치한다.

Ses yeux brillants disent la vérité.
[그의 반짝이는 눈은 진실을 말한다]

un portefeuille contenant 20000 euros
[20000유로가 들어 있는 지갑]

4. dont : 전치사 de가 선행하는 관계대명사에 해당한다.

1) 명사의 보어

le restaurant dont je connais l'adresse
[내가 주소를 알고 있는 식당]
* le restaurant dont je ne me souviens plus de l'adresse

2) 동사의 간접보어 명사 혹은 대명사

le restaurant dont je t'ai parlé [네게 말했던 식당]
* le restaurant dont je t'ai parlé du menu
C'est cette femme dont je t'ai parlé
C'est de cette femme dont je t'ai parlé
* C'est de cette femme dont je t'ai parlé

위 두 개의 문장은 가능하지만 세 번째 문장은 비문법적인데 그 이유는 바로 중복성에 의한 것으로서 de가 반복되고 있기 때문이다.

3) 형용사의 보어 명사

Voici la femme dont je suis amoureux. (=je suis amoureux de cette femme)
[저 여인이 내가 사랑에 빠진 여인이다]

4) 수를 나타내는 명사의 보어 명사

J'avais vingt animaux dont dix sont des chiens.(=dix de ces vingt animaux)
[나는 20마리의 동물을 키우는데 10마리는 개다]

정 답

1. Il s'agit de : [-이것은 ________에 관한 것이다]

☒ l'opération sur le film. [영화에 대한 계획]
☐ l'opération sur le sport. [스포츠에 대한 계획]
☐ l'opération sur la santé. [건강에 대한 계획]

2. Cette opération a commencé en : [이 계획은 ___ 시작되었다]
   - ☒ 2002
   - ☐ 2003
   - ☐ 2004

3. Cette opération a eu un grand succès. [이 계획은 큰 성공을 거두었다]
   - ☒ Vrai
   - ☐ Faux
   - ☐ On ne sait pas

4. Qui a lancé cette opération? [이 계획을 누가 시행하였는가?]
   - ☒ la mairie de Paris [파리 시청]
   - ☐ le commissariat de Paris [파리 경찰국]
   - ☐ le SAMU de Paris [파리의 긴급구조대]

5. Combien de personnes ont-ils répondu à la sondage?
   [얼마의 사람이 여론조사에 답변을 하였는가?]
   - ☒ 1000
   - ☐ 10000
   - ☐ 100000

6. À partir de quel âge fait-on le sondage?
   - ☐ 10
   - ☒ 15
   - ☐ 25

7. Beaucoup de spectateurs étaient au courants de l'opération "3 jours 3 euros".
   [많은 관객들이 "3유로의 3일" 시행에 대해 알고 있었다.
   - ☒ Vrai
   - ☐ Faux
   - ☐ On ne sait pas

8. Pourquoi les gens sont allés voir les films? [왜 사람들은 영화를 보러 갔는가?]
   Parce qu'ils ont voulu profiter le prix modique d'une place.

Partie 2

Compréhension des écrits

Exercice 1

Lire pour s'orienter

Vous souhaitez visiter des châteaux au bord de la Loire. Comme vous habitez à Paris, vous préférez partir de cette ville. Vous avez 2 jours libres pour cette excursion (il n'y a pas de problème même si vous faites une excursion d'une journée) et vous ne voulez pas que le prix ne dépasse pas 150 euros. Vous ne voulez pas préparer le repas vous même et vous souhaitez le train pour revenir à Paris. Vous hésitez entre les deux organismes suivants:

	Club International des Jeunes à Paris
Programme du samedi	– Rendez-vous à 6h30 place de l'Opéra sur les escaliers de l'Opéra, (métro Opéra, lignes 8-3-7 et RER A (station Auber) – Départ pour le Château de Chenonceau – Visite libre du Château de Chenonceau et de ses magnifiques jardins – Départ pour Amboise – Déjeuner libre et promenade à Amboise – Visite guidée du Château d'Amboise – Départ pour Blois – Dîner libre et soirée conviviale à Blois – Nuit au Centre International de Séjour à Blois
Programme du dimanche	– 8h petit déjeuner et départ pour le château de Blois – Visite guidée du château de Blois – Départ pour Vendôme – Promenade au bord des canaux de Vendôme et visite libre – de cette charmante ville et ses nombreux monuments ; les – remparts, le château, l'abbaye de la Trinité.. – Arrivée à Paris prévu vers 20h30
Condition	– Prix : 88€ pour tout règlement avant le 14 septembre 2006 * (seule la date effective du règlement est prise en compte) sont compris :

	– le transport – les visites guidées et les entrées aux châteaux – l'hébergement en chambres multiples (de 2 à 5 participants – Les frais de dossier comprennent le repas.

	Ligeris
	UNE JOURNEE AU DEPART DE PARIS VERS LES CHATEAUX DE LA LOIRE Les départs sont assurés toute l'année, tous les jours, sauf le dimanche, à partir de 2 personnes. Pour les personnes seules : nous contacter pour confirmation de l'excursion en fonction du remplissage du minibus.
Programme	– 7H45 Départ de la Gare SNCF de Paris Montparnasse en TGV pour St Pierre des Corps (55 minutes de voyage). – 8H55 Arrivée à la Gare SNCF de Tours. – 9H15 Départ en minibus climatisé pour une excursion de la journée qui vous mènera vers : – Pour une visite libre du Château de Chenonceau. – Pour une visite libre du CHÂTEAU D'AMBOISE. – 12H00 Déjeuner à Amboise. – 14H00 Départ de l'Office de tourisme d'Amboise en minibus climatisé pour la seconde partie de votre excursion vers : – Pour une visite du château de Chambord. – Pour une visite libre du château de Cheverny. – 18H45 Retour en minibus climatisé à la Gare SNCF. – 19H24 Départ en TGV pour Paris. . (55 minutes de voyage). – 20H20

Condition	Arrivée à la Gare de Paris Montparnasse. PRIX PAR PERSONNE : 105,00 Euros Le prix comprend : Le transport en minibus climatisé pour l'excursion de la journée Les entrées dans les châteaux de Chenonceau, d'Amboise, Les frais de dossier ne comprennent pas le repas.

Pour chacun des centres de langues, et pour chacun des critères proposés, mettez une croix (X) dans la case <convient> ou <ne convient pas>.

	Club International des Jeunes à Paris		Ligeris	
	Convient	Ne convient pas	Convient	Ne convient pas
le point de départ				
le prix				
le repas				
le transport				
la durée d'excursion				

해석

Exercice 1

Lire pour s'orienter

Vous souhaitez visiter des châteaux au bord de la Loire. Comme vous habite à Paris, vous préférez partir de cette ville. Vous avez 2 jours libres pour cette excursion (il n'y a pas de problème même si vous faites une excursion d'une journée) et vous ne voulez pas que le prix ne dépasse pas 150 euros. Vous ne voulez pas préparer le repas vous même et vous souhaitez le train pour revenir à Paris. Vous hésitez entre les deux organismes suivants:

[당신은 루와르 강가의 성들을 방문하길 원합니다. 파리에 살고 있기 때문에 이 도시에서 출발하길 원합니다. 이 여행에 이틀간의 여유가 있고(하루 동안 여행을 한다 해도 문제가 될 것은 없습니다) 비용이 150유로를 넘지 않았으면 합니다. 식사를 당신 스스로 준비하길 원하지 않으며 파리로 돌아올 때 기차를 원합니다. 다음 두개의 제안 사이에서 망설이고 있습니다]

	Club International des Jeunes à Paris
Programme du samedi [토요일의 프로그램]	– Rendez-vous à 6h30 place de l'Opéra sur les escaliers de l'Opéra, (métro Opéra, lignes 8-3-7 et RER A (station Auber) [오페라 계단 (지하철 오페라역 8, 3, 7번과 전철 A (오베르역)에 오페라 광장에서 6시 30분에 집결] – Départ pour le Château de Chenonceau [쉬송노 성으로 출발] – Visite libre du Château de Chenonceau et de ses magnifiques jardins [쉬농소 성과 훌륭한 정원의 각자 구경] – Départ pour Amboise [앙부와즈로 출발] – Déjeuner libre et promenade à Amboise [각자 점심식사를 하고 앙부와즈 성 산책] – Visite guidée du Château d'Amboise [앙부와즈 성을 가이드의 인도에 따라 방문] – Départ pour Blois [불루와 성으로 출발] – Dîner libre et soirée conviviale à Blois [각자 저녁식사를 하고 불루와에서 다른 사람들과 저녁연회] – Nuit au Centre International de Séjour à Blois [불루아에 있는 숙소에서 잠을 잠]
Programme du dimanche [일요일의 프로그램]	– 8h petit déjeuner et départ pour le château de Blois [8시에 아침을 먹고 블루와 성으로 출발] – Visite guidée du château de Blois [가이드 안내로 블루와 성 방문] – Départ pour Vendôme [방돔으로 출발] – Promenade au bord des canaux de Vendôme et visite libre de cette charmante ville et ses nombreux monuments ; les

	remparts, le château, l'abbaye de la Trinité.. [방돔 운하 산책과 마을과 많은 기념물 살펴보기 : 성벽, 성, 트리니테 수도원] – Arrivée à Paris prévu vers 20h30 [20시 30분 파리 도착 예정]
Condition [조건]	– Prix : 88€ pour tout règlement avant le 14 septembre 2006 * (seule la date effective du règlement est prise en compte) sont compris : – le transport – les visites guidées et les entrées aux châteaux – l'hébergement en chambres multiples (de 2 à 5 participants) – Les frais de dossier ne comprennent pas le repas. [가격 : 2006년 9월 14일까지 모든 비용을 처리하는 경우 88유로 (대금지불의 실제 날짜만이 계산됨) 로 다음 사항이 포함됨 : – 교통비 – 가이드 관광비용과 성의 입장료 – 다인실의 숙소 (2명에서 5명) – 식사비 포함

	Ligeris
	UNE JOURNEE AU DEPART DE PARIS VERS LES CHATEAUX DE LA LOIRE Les départs sont assurés toute l'année, tous les jours, sauf le dimanche, à partir de 2 personnes. Pour les personnes seules : nous contacter pour confirmation de l'excursion en fonction du remplissage du minibus. [하루 동안 루와르 강의 성으로의 파리에서 출발 출발은 한 해, 일요일을 제외한 2인 이상 매일 시행됨. 혼자일 경우 : 미니버스로 여행을 할 것인지를 확인하기 위해 우리에게 연락바람]

	- 7H45 Départ de la Gare SNCF de Paris Montparnasse en TGV pour St Pierre des Corps (55 minutes de voyage). [7시 45분 : 쌩 삐에르 데 꼬르를 향해 몽빠르나스의 SNCF 역에서 고속기차로 출발] - 8H55 Arrivée à la Gare SNCF de Tours. [8시 55분 : 뚜르의 SNCF역 도착] - 9H15 Départ en minibus climatisé pour une excursion de la journée qui vous mènera vers : - Pour une visite libre du Château de Chenonceau. - Pour une visite libre du CHÂTEAU D'AMBOISE. [9시 15분 : 에어콘과 난방 시설이 되어 있는 미니버스를 이용한 하루 동안의 여행으로 다음의 코스를 방문함. - 쉬농소 성의 개인 방문 - 앙부와즈 성의 개인 방문] - 12H00 Déjeuner à Amboise. [12시 : 앙부아즈 성에서의 점심식사] - 14H00
Programme	Départ de l'Office de tourisme d'Amboise en minibus climatisé pour la seconde partie de votre excursion vers : - Pour une visite du château de Chambord. - Pour une visite libre du château de Cheverny. [14시 : 앙부와즈 관광 사무실에서 에어콘과 난방시설이 되어 있는 미니버스를 이용하여 다음의 두 번째 방문을 실시함 : - 샹보르 성 방문 - 슈베르니 성 방문] - 18H45 Retour en minibus climatisé à la Gare SNCF. [18시 45분 : 미니버스를 이용, SNCF역 도착] - 19H24 Départ en TGV pour Paris. . (55 minutes de voyage). [19시 24분 : 파리를 향해 고속기차 출발(55분 소요)]

	– 20H20 Arrivée à la Gare de Paris Montparnasse. [20시 20분 : 파리 몽빠르나스 역 도착]
Condition	PRIX PAR PERSONNE : 105,00 Euros Le prix comprend : Le transport en minibus climatisé pour l'excursion de la journée Les entrées dans les châteaux de Chenonceau, d'Amboise, Les frais de dossier ne comprennent pas le repas. [개별 가격 : 105유로 이 가격은 다음을 포함함 : 하루 동안의 여행에 대한 최신 장비의 미니버스로 운송 – 앙부와즈 성의 입장료 – 이 문서에 있는 비용은 식사비를 포함하지 않음]

주요사항

1. 명사의 성과 수

1) 성

-eur	-euse	chanteur [가수] – chanteuse	danseur [무용수] – danseuse
-teur	-trice	acteur [영화배우] – actrice	directeur [책임자] – directrice
-er	-ère	boulanger – boulangère [빵가게 주인]	épicier – épicière [식료품가게 주인]
-n	-nne	musicien [음악가] – musicienne	pharamacien [약사] – pharmacienne
-el -eau	-elle	jumeau [쌍둥이] – jumelle	chameau [낙타] – chamelle
-at -et -ot	-tte	chat [고양이] – chatte sot [바보] – sotte	cadet [동생] – cadette
-f	-ve	veuf [홀아비] – veuve	Juif [유대인] – Juive
-x	-se	époux [남편] – épouse	

* -eur로 끝나는 경우 여성형에 -euse의 어미는 몇 가지 예외적인 것들이 있다 :
  - mineur [미성년자] - mineure
    pécheur [죄인] - pécheresse
  - 사법용어들 : le defendeur [변호인] - défendresse
    le demandeur [신청인] - demanderesse
  - 종교적 집단 : le supérieur [수도원장] - supérieure

동사 -ter(-tir)에서 파생된 명사의 명사의 -teuse가 된다 :

porter [운반하다] - porteur - porteuse
flatter [아첨하다] - flatteur - flatteuse
mentir [거짓말하다] - menteur - menteuse

a) 어미가 -esse인 명사들

un compte [백작] - une comtesse	un dieu [신] - une déesse
un hôte [주인] - une hôtesse	un maître [스승] - une maîtresse
un prince [왕자] - une princesse	un tigre [호랑이] - une tigresse
un traître [배반자] - une traîtresse	un duc [공작] - une duchesse

b) 남성과 여성의 형태가 다른 명사들

짝을 이루는 동물이나 사람을 나타내는 명사들	
le bœuf [황소] - la vache	le coq [수탁] - la poule
l'empereur [황제] - l'impératrice	le roi [왕] - la reine
le copain [친구] - la copine	le garçon [소년] - la fille
monsieur [남자존칭] - madame	le serviteur [종업원] - la serveuse

가족관계를 나타내는 명사들	
le mari [남편] - la femme [아내]	le frère [남동생] - la sœur [여동생]
le neveu [남조카] - la nièce	l'oncle [삼촌] - la tante
le père [아버지] - la mère	le fils [아들] - la fille
le grand-père [할아버지] - la grand-mère	le petit-fils [손자] - la petite-fille

un garçon은 [소년]의 의미 이외에 fils와 같은 의미의 [아들]로도 쓰이는데, 표현상의 차이가 있다 :

J'ai deux enfants : un garçon et une fille ; mon fils s'appelle Jean, ma fille s'appelle Isabelle.

위의 문장에서처럼, [자식이 있다]라는 문장 다음에, 자식을 소개할 때 un fils라는 말보다 un garçon이라는 말로서 [사내아이]와 [여자아이]라는 표현을 먼저 쓰고, 뒤에 [아들]과 [딸]이라는 표현을 쓴다.

c) 한 가지 형태로 남성, 여성에 존재하는 명사들

écrivain [작가] médecin [의사]	architecte [건축가] maire [시장]
auteur [저자] professeur [교수]	docteur [의사] juge [판사]
peintre [화가] ministre [장관]	chauffeur [운전사] chef [책임자]

d) 남성형태만 존재하는 명사들

adversaire [적수] locataire [세입자]	dentiste [치과의사] novice [초심자]
camarade [동무] élève [제자]	témoin [증인] artiste [예술가]
touriste [관광객] esclave [노예]	collègue [동료] enfant [아이]
concierge [수위]	propriétaire [소유자]

프랑스어권의 나라들의 경우, 직업을 나타내는 명사에 여성형을 사용하기도 하는데 (une professeure, une écrivaine..) 프랑스에서도 이런 경향이 점차 늘어나고 있다. 혼동을 피하기 위해서 남성형의 직업을 나타내는 명사 앞에 femme를 쓰기도 한다(une femme médecin, une femme professeur).

e) 여성형만 존재하는 명사들

une sentinelle [보초] une recrue [신병] une estafette [전령]

f) 성에 따라 뜻이 달라지는 명사들

un livre [책] / une livre [파운드]	un mémoire [논문] / une mémoire [기억]
un mode [방식] / une mode [유행]	un tour [선회] / une tour [탑]

2) 명사의 수 (le nombre du nom)

a) 보통명사의 수

단 수	복 수	단 수	복 수
un étudiant	des étudiants	un garçon	des garçons
une table	des tables	une chaise	des chaises

– 일반적인 경우 : -s
– 특수한 경우
예외적인 경우들이 많다 :

-al	-aux	le cheval [말] – les chevaux	le journal [신문] – les journaux
-ail	-ails	le chandail [스웨터] – les chandails	le rail [기차길] – les rails
-au -eau	-aux -eaux	le chapeau [모자] – les chapeaux	le gâteau [케익] – les gâteaux
-eu	-eux	le cheveu [머리카락] – les cheveux	le jeu [게임] – les jeux
-ou	-ous	le clou [못] – les clous	le trou [구멍] – les trous

-al : -als

le bal [무도회] – les bals　　le carnaval [카니발] – les carnavals
le festival [페스티발] – les festivals　le récital [공연] – les récitals

-ail : -aux

le chandail [스웨터] – les chandails　l'évantail [부채] – les évantails

-au : -aus

le landau [사륜마차] – les landaus　le sarrau [작업복] – les sarraus

-ou : -oux

le bijou [보석] – les bijoux　　le caillou [조약돌] – les cailloux
le chou [배추] – les choux　　le genou [무릎] – les genoux
le hibou [부엉이] – les hiboux　　le joujou [장난감] – les joujoux
le pou [이] – les poux

– 복수형이 두 개인 명사들

aïeul	aïeuls	[조부모]	ciel	cieux	[하늘]
	aïeux	[조상]		ciels	[침대의 닫집]

– 복수형 밖에 없는 명사들

les archives [고문서]	les fiançailles [약혼식]	les frais [비용]
les funérailles [장례식]	les mœurs [풍속]	les vivres [식량]

정답

	Club International des Jeunes à Paris		Ligeris	
	Convient	Ne convient pas	Convient	Ne convient pas
le point de départ [출발지점]	X		X	
le prix [가격]	X		X	
le repas [식사]	X			X
le transport [교통]	X		X	
la durée d'excursion [여행 기간]	X		X	

Exercice 2

Lire pour s'informer

Lisez le texte ci-dessous, puis répondez aux questions, en cochant (☒) la bonne réponse, ou en écrivant l'informations demandée.

Finul : la France appelle les Européens à la solidarité

Appelant à la "solidarité européenne" en faveur du Liban, le ministre français des Affaires étrangères Philippe Douste-Blazy a demandé dimanche 20 août la tenue d'une réunion à Bruxelles la semaine prochaine pour "savoir ce que les différents partenaires européens comptent faire le plus rapidement possible", notamment sur le plan militaire, avec le renforcement de la FINUL.

"Nous demandons que s'exprime le plus rapidement possible une solidarité européenne concernant le Liban", a expliqué le chef de la diplomatie française sur France-Info.

Agir le plus rapidement possible

"C'est la raison pour laquelle j'ai demandé à Erkki Tuomioja, le ministre des Affaires étrangères finlandais, qui assure aujourd'hui la présidence du conseil européen, de faire une réunion à Bruxelles à la fois pour faire le point politique, sur le plan politique, sur le plan militaire, sur le plan humanitaire pour savoir ce que les différents partenaires européen comptent faire le plus rapidement possible concernant le Liban", a-t-il ajouté.

"La France est le premier pays à apporter une contribution sur le terrain", a rappelé Philippe Douste-Blazy. La France tente de convaincre ses partenaires européens de s'impliquer davantage dans le renforcement de la force internationale qui doit appuyer l'armée libanaise dans le sud du Liban. (AP)

Philippe Douste-Blazy (AP), NOUVELOBS.COM | 20.08.06 | 16:26

* FINUL : Force intérimaire des Nations unies qui protége le Liban qui avait culminé avec l'invasion du Liban par Israël.

1. Il s'agit d'un document :
   - ☐ politique.
   - ☐ sportif
   - ☐ culturel

2. Citez :
   a) le nom des membres des Nation Unies pour résoudre le problème de l'invasion du Liban par Israël

   ____

   b) le but principal de la réunion à Bruxelles concernant le Liban.

   ____

   c) les trois plans que les différents partenaires européens doivent faire le plus rapidement possible concernant le Liban :

   ____

   ____

   ____

3. Cochez la bonne réponse :

   1) C'est Philippe Douste-Blazy qui est le président du conseil européen :
      - ☐ Vrai
      - ☐ Faux
      - ☐ On ne sait pas

   2) La France prend l'initiative pour
      - ☐ aider l'armée libanaise contre l'attaque d'Israël.
      - ☐ aider l'armée européenne contre l'attaque d'Israël.
      - ☐ aider l'armée isarëlienne contre l'attaque d'Israël.

   3) Il faut résoudre le problème de Liban :
      - ☐ le plus vite possible
      - ☐ le moins vite possible
      - ☐ tôt ou tard

해 석

Lisez le texte ci-dessous, puis répondez aux questions, en cochant (☒) la bonne réponse, ou en écrivant l'information demandée.
[아래의 글을 읽고 옳은 답에 ☒를 하거나 요구되는 정보를 써서 질문에 답하시오]

Finul : la France appelle les Européens à la solidarité
[프랑스가 유럽인들에게 단합을 호소한다]

Appelant à la "solidarité européenne" en faveur du Liban, le ministre français des Affaires étrangères Philippe Douste-Blazy a demandé dimanche 20 août la tenue d'une réunion à Bruxelles la semaine prochaine pour "savoir ce que les différents partenaires européens comptent faire le plus rapidement possible", notamment sur le plan militaire, avec le renforcement de la FINUL.

"Nous demandons que s'exprime le plus rapidement possible une solidarité européenne concernant le Liban", a expliqué le chef de la diplomatie française sur France-Info.

[리비아에 대한 "유럽의 단결"을 호소한 프랑스 외무부장관인 필립 두스트-블라지는 8월 20일 일요일에 "유럽의 다른 동맹국들이 가능한한 가장 빨리 해야 할 것이 무엇인지, 특히 FINUL의 강화와 함께 군사계획에 대한 것을 알기 위해" 다음 주 부뤽셀에서 회의를 개최할 것을 촉구하였다.

"우리는 리비아에 대한 유럽의 단결을 가능한 한 빨리 표명할 것을 요구한다"고 France- Info에서 프랑스 정치 책임자가 설명했다.

Agir le plus rapidement possible
[가능한 한 최대한 빨리 행동해야 한다]

"C'est la raison pour laquelle j'ai demandé à Erkki Tuomioja, le ministre des Affaires étrangères finlandais, qui assure aujourd'hui la présidence du conseil européen, de faire une réunion à Bruxelles à la fois pour faire le point politique, sur le plan politique, sur le plan militaire, sur le plan humanitaire pour savoir ce que les différents partenaires européen comptent faire le plus rapidement possible concernant le Liban", a-t-il ajouté.

"La France est le premier pays à apporter une contribution sur le terrain", a rappelé Philippe Douste-Blazy. La France tente de convaincre ses partenaires européens de s'impliquer davantage dans le renforcement de la force internationale qui doit appuyer l'armée libanaise dans le sud du Liban. (AP)

[바로 이러한 이유로 해서 나는 현재 유럽 위원회 회장을 맡고 있는 필란드 외무부 장관인 이릭 투오미오자에게 유럽 다른 동맹국들이 리비아에 대한 가장 신속하게 처리해야할 것이 무엇인지를 알기 위해 정치, 군사, 인도적 차원에 대한 정치안을 채택하기 위해 부뤽셀에서 회의를 열 것을 제안하였다"고 그는 덧붙였다.

"프랑스는 이런 현안에 대해 가장 큰 공헌을 할 첫 번째 국가이다"라고 필립 두스트-블라지가 말했다. 프랑스는 리비아 남쪽에 주둔해 있는 리비아 군대를 지원해야 하는 국제력의 강화에 협력하도록 유럽 동맹국을 설득할 것이다.]

Philippe Douste-Blazy (AP), NOUVELOBS.COM | 20.08.06 | 16:26

주요사항

1. 목적어를 두개 취하는 동사들

<table>
<tr><td>apporter</td><td rowspan="6">사물</td><td rowspan="6">à</td><td rowspan="6">사람</td><td>[-을 -에게 가져오다]</td><td>apporter un cadeau à X
[X에게 선물을 가져오다]</td></tr>
<tr><td>demander</td><td>[-을 -에게 요구하다]</td><td>demander une aide à X
[X에게 도움을 청하다]</td></tr>
<tr><td>donner</td><td>[-을 -에게 주다]</td><td>donner un livre à X
[X에게 책을 주다]</td></tr>
<tr><td>écrire</td><td>[-을 -에게 쓰다]</td><td>écrire une lettre à X
[X에게 편지를 쓰다]</td></tr>
<tr><td>emprunter</td><td>[-을 -에게 빌리다]</td><td>emprunter de l'argent à X
[X에게 돈을 빌리다]</td></tr>
<tr><td>envoyer</td><td>[-을 -에게 보내다]</td><td>envoyer un colis à X
[X에게 소포를 보내다]</td></tr>
</table>

expliquer				[-을 -에게 설명하다]	expliquer la situation à X [X에게 상황을 설명하다]
montrer				[-을 -에게 보이다]	montrer une carte à X [X에게 지도를 보여주다]
prêter	사물	à	사람	[-을 -에게 빌려주다]	prêter un stylo à X [X에게 만년필을 빌려주다]
proposer				[-을 -에게 제안하다]	proposer un mariage à X [X에게 결혼을 제안하다]
raconter				[-을 -에게 이야기하다]	raconter une histoire à X [X에게 이야기를 하다]
rendre				[-을 -에게 돌려주다]	rendre une bague à X [X에게 반지를 돌려주다]

2. 복합형태의 용법

복합형인 lequel, laquelle, lesquel(le)s, 그리고 전치사와의 축약형들(à qui, uquel, desquels, auquel, auxquels)은 의문대명사와 같다. 선행사와 대명사이고 무생물인 경우, 전치사 뒤에 사용된다.

les troupes sur l'arrivée desquelles le général comptait tant.
[장군이 그렇게 믿던 군대의 도착]
Le garçon à qui je t'ai présenté est lycéen.
[내가 너에게 소개했던 그 아이는 고등학생이야]

선행사의 정체에 대한 애매성을 피하기 위해 동격의 관계절에서 주어로 사용되기도 한다

le mari de ma voisine lequel / laquelle ...

정 답

1. Il s'agit d'un document : [이것은 ____에 관한 글이다]

☒ politique. ☐ sportif. ☐ culturel.

2. Citez :

a) le nom des membres des Nation Unies pour résoudre le problème de l'invasion du Liban par Israël
[이스라엘에 의한 레바논 침공의 문제를 해결하기 위한 유엔연합국의 이름]
FINUL

b) le but principal de la réunion à Bruxelles concernant le Liban.
[레바논에 관한 브뤽셀에서의 회의의 주된 목적]

- Le but est de savoir ce que les différents partenaires européens comptent faire le plus rapidement possible", notamment sur le plan militaire, avec le renforcement de la FINUL.
[목적은 특히 FINUL의 지지와 함께 군사적 계획과 더불어 유럽의 다른 국가들이 가장 빠른 시기에 해야 할 것들을 알기 위한 것이다]

c) les trois plans que les différents partenaires européen doivent faire le plus rapidement possible concernant le Liban :
[유럽의 다른 국가들이 레바논에 대한 가장 빨리 해야 세 가지 계획들]

- le plan politique, sur le plan militaire, sur le plan humanitaire

3. Cochez la bonne réponse :

1) C'est Philippe Douste-Blazy qui est le président du conseil européen :
[유럽위원회 회장은 필립 두스트-블라지다]

☐ Vrai ☒ Faux ☐ On ne sait pas

2) La France prend l'initiative pour [프랑스는 ___ 위한 시도를 한다]

☒ aider l'armée libanaise contre l'attaque d'Israël.
[이스라엘의 공격에 대한 레바논 군대를 돕기]

☐ aider l'armée européenne contre l'attaque d'Israël.
[이스라엘 공격에 대한 유럽 군대를 돕기]

☐ aider l'armée isarëlienne contre l'attaque d'Israël.
[레바논 공격에 대한 이스라엘 군대를 돕기]

3) Il faut résoudre le problème de Liban :

☒ le plus vite possible [가능한한 가장 빨리]

☐ le moins vite possible [가능한 한 늦게]

☐ tôt ou tard [조만간]

Partie 3

Production Ecrite

◆ Essai

À votre avis, quels ont été le ou les changements les plus importants des vingt dernierès années dans votre pays? Quels sont ceux qui ont été positifs ou ceux qui ont été négatifs selon vous? Vous écrivez un texte construit et cochant sur ce sujet (160-180 mots).

Il faut admettre qu'il y ait beaucoup de changements des vingt dernières années dans mon pays. Surtout, il y a beaucoup de développements dans le domaine de la communication mobile. Maintenant, la plupart des coréens utilisent le téléphone portable. Même les enfants de l'école primaire le portent. Grâce au téléphone portable, les gens peuvent se communiquer facilement. D'ailleurs, on peut rechercher la trace des gens en utilisant ce téléphone portable. En revanche, les gens changent trop souvent du téléphone portable selon le modèle récent malgré qu'il marche bien. D'ailleurs, on parle d'une haute voix dans un endroit public, par exemple, dans le métro ou le bus, on dérange aux autres personnes. Par conséquent, on risque de gaspiller de l'argent en achetant un autre modèle du téléphone portable et de négliser l'ordre public.

해석

◆ Essai

À votre avis, quels ont été le ou les changements les plus importants des vingt dernierès années dans votre pays? Quels sont ceux qui ont été positifs ou ceux qui ont été négatifs selon vous? Vous écrivez un texte construit et cochant sur ce sujet (160-180 mots).

[당신 의견에 당신의 나라에서 최근 20년 동안 가장 중요한 변화 혹은 변화들은 무엇이었습니까? 당신 생각에 긍정적인 것은 어떤 것들이었고 부정적인 것들은 어떠한 것이었습니까? 구성을 갖추어 글을 쓰고 이 주제에 표시를 하시오 (160-180 단어)]

Il faut admettre qu'il y ait beaucoup de changements des vingt dernières années dans mon pays. Surtout, il y a beaucoup de développements dans le domaine de la communication mobile. Maintenant, la plupart des coréens utilisent le téléphone portable. Même les enfants de l'école primaire le portent. Grâce au téléphone portable, les gens peuvent se communiquer facilement. D'ailleurs, on peut rechercher la trace des gens en utilisant ce téléphone portable. En revanche, les gens changent trop souvent du téléphone portable selon le modèle récent malgré qu'il marche bien. D'ailleurs, on parle d'une haute voix dans un endroit public, pas exemple, dans le métro ou le bus, on dérange aux autres personnes. Par conséquent, on risque de gaspiller de l'argent en achetant un autre modèle du téléphone portable et de négliser l'ordre public.

[우리나라에서 최근 20년동안 많은 변화가 있었다는 것을 인정해야 합니다. 특히 이동통신 영역에서 많은 발전이 있습니다. 이제 대부분의 한국 사람들은 휴대폰을 사용합니다. 심지어 초등학교 아이들까지 휴대폰을 소지하고 있죠. 휴대폰 덕분에 사람들은 쉽게 통화를 할 수 있습니다. 게다가 이 휴대폰을 이용하여 사람들의 흔적을 추적할 수도 있습니다. 반면에 사람들은 작동이 잘 됨에도 불구하고 최신 모델에 따라 휴대폰을 너무 자주 바꿉니다. 게다가, 버스나 지하철 같은 공공장소에 있는 사람과 통화할 수 있기 때문에 다른 사람에게 불편을 줍니다. 결과적으로, 휴대폰의 또 다른 모델을 사면서 돈을 낭비할 위험과 공공질서를 무시하는 결과를 초래할 수도 있습니다]

주요사항

1. 접속법 (le subjonctif)

불확실성 혹은 주관성을 띄는 경우 관계절에서 나타날 수 있는데 특히 주관성이 주절에서 강조되어지는 경우 사용하며 다음과 같이 다양한 방식이 가능하다.

1) 선행사가 무한정 명사 (un, une, des..)인 경우

J'aimerais vivre dans un pays qui **garantisse la liberté de tous les gens.**
[나는 모든 사람들의 자유를 보장해 주는 나라에 살고 싶어]
[모든 사람들의 자유를 보장해 주는 나라의 존재에 대한 의심이 내재됨]

2) 의문, 부정, 제한 또는 가정의 뜻을 내포하고 있는 경우

Tu n'as personne qui puisse t'aider? [너를 도와줄 사람이 하나도 없니?]

Non, il n'y a que toi qui puisses m'aider.

[아니, 오직 너만이 나를 도와줄 수 있어]

Y a-t-il quelqu'un qui sache parler l'anglais?

[영어를 말할 줄 아는 사람이 있을까?]

3) 先行詞가 최상급에 의해 제약되거나 형용사가 le seul, le premier, le dernier인 경우

Ce tableau est la dernière oeuvre **qu'il ait peinte**.

[이 그림은 그가 그렸던 마지막 작품이다]

Cet homme est le seul **qui puisse acheter notre maison**.

[이 남자가 우리의 집을 살 수 있는 유일한 사람이야]

Marie est la plus belle femme **que je connaisse**.

[마리는 내가 알고 있는 가장 아름다운 여인이야]

4) 선행사가 없는 관계절

전치사가 선행하거나 전치사 없는 대명사에 의해 유도되어지는 부정관계절(relatives indéfinis)들이 있다.

a) 대명사는 주어이며 한정되지 않은 사람을 나타내고 동사의 일치는 항상 단수이다.

Elle a acheté beaucoup de livres pour qui veulent lire.

(=à tous ceux qui veulement lire)

[그녀는 읽기를 원하는 사람들을 위해 많은 책을 샀다]

b) 사물이나 추상적인 것을 나타낸다. 이 때 관계사는 의무적으로 전치사 à 또는 de가 선행하는 대명사 quoi를 써야 한다.

Je ne comprends pas de quoi il parle.

[나는 그가 무엇에 대해 말을 하는지 이해를 못하겠어]

Cherche de quoi manger! [먹을 것을 찾아봐!]

c) 접속법을 쓰며 <그 무엇, 그 어떤>의 의미를 갖는다.

Qui que tu sois, tu ne peux pas entrer dans ma chambre.

[네가 누구이건 간에, 너는 내 방에 들어갈 수 없어]

Quoi qu'il fasse, il n'a aucune chance de gagner contre moi.

[그가 무엇을 하던 간에, 나를 결코 이길 수는 없어]

2. 보어종속절(la proposition subordonnée complétive)

보어종속절이란 주절에 의존하면서 주절의 의미를 완성시키는 기능을 한다. 근본적 접속사 que에 의해 유도되는데, 이 접속사는 의미를 지니고 있지 않으며 단지 주절과의 연결어로서만 기능한다.

보어종속절에서 가장 어려운 점은 접속사 que 뒤에 오는 종속절의 동사의 형태인데 보어종속절의 동사가 직설법 또는 조건법을 사용할 것인지 아니면 접속법을 사용할 것인지를 결정하는 것은 주절에 있는 동사이다.

1) que+접속법

a) 의지를 나타내는 것과 관계되는 것들

동사	demander	dire	proposer	conseiller	souhaiter
	suggérer	vouloir	exiger	ordonner	permettre
	accepter	attendre	préférer	refuser	défendre
	empêcher	interdire			
구	il faut	il est obligatoire	indispensable	préférable	il vaut mieux

b) à ce que와 함께 구성된 의지를 나타내는 동사들

consentir à ce que	s'attendre à ce que	veiller à ce que
tenir à ce que	faire attention à ce que	s'opposer à ce que

c) 감정을 나타내는 동사들

apprécier	détester	s'inquiéter	craindre
redouter	mériter	regretter	supporter

d) être, trouver, estimer, juger+감정을 나타내는 형용사들

être	heureux	Malheureux	triste	surpris	étonné	désolé
	stupéfait	ému	content	mécontent	ravi	

e) 부정의 생각을 표현하는 동사들

nier	contester	démentir	douter

f) 가능성, 필요, 소망, 의심, 감정등을 나타내는 비인칭 구문

il est possible	il est nécessaire	il faut	il est souhaitable	que
il est étrange	il est (a)normal	il est triste	il est amusant	
il est intéressant	il est important	peu importe		

g) 확실성의 정도

Il est certain	que	직설법
Il est très vraisemblable		
Il est vraisemblable		
Il est très (fort) probable		
Il est probable		
Il est assez probable		
Il est assez peu vraisemblable		접속법
Il est peu vraisemblable		
Il est assez peu probable		
Il n'est pas certain		
Il n'est pas improbable		
Il est invraisemblable		

2) autre (단수), autres (복수) : 명사와 한정사 사이에 위치하여 하나의 사물과 구분되는 다른 사물 또는 사람과 사람을 구분하는 기능을 한다.

Elle a rencontré un autre homme. [그녀는 다른 남자를 만났다]

Il a un autre avis. [그는 또 다른 의견을 가지고 있다]

- 복수의 경우, de+autres+명사의 형태가 된다.

Il est différent d'autres médecins. [그는 다른 의사들과는 다르다]

Partie 4

Production Orale

◆ Consignes

Cette épreuve d'expression orale comportera 3 parties qui s'enchaîneront, et durera entre 10 et 15 minutes. Pour la 3e partie seule, le candidat dispose de 10 minutes de préparation. Cette préparation a lieu avant le déroulement de l'ensemble de l'épreuve.

Exercice 1 – Entretien informel

Présentation générale (2 à 3 minutes)

Parler de soi, de ses activités, de ses centres activités. Parler de son passé, de son présent et de ses projets. Cette épreuve permettera a ussi de mettre le candidat à l'aise en parlant de lui. Elle se déroule en interaction sur le mode d'un entretien informel entre le candidat et l'examinateur qui amorcera le dialogue par une question du type :

L'examinateur :
Où avez-vous passé vos dernières vacances?

Le candidat :

해석

◆ Exercice 1 – Entretien informel

L'examinateur :
Où avez-vous passé vos dernières vacances?
[감독관 : 당신은 최근 방학(휴가)때 무엇을 하고 지냈습니까?]

Le candidat :
J'étais à Paris pendant deux mois l'année dernière. J'ai rencontré deux français et on est devenu copains. Ils sont venus à Séoul cet été en tant que stagiaires. Alors, Je leur ai proposé de loger chez moi et ils ont accepté ma proposition. Tout d'abord, ils voulaient visiter Séoul : Palais Douksou, Insadong, etc...

Puis, comme ma voiture était en panne, mon père m'a prêté la sienne et on a fait le tour de la Corée. Il y avait pleines de trucs à voir et on était tous content. Mes amis français sont rentrés en France le mois dernier après avoir terminé leur stage. Quand je les ai accompagnés à l'aéroport, ils ont proposé à ma famille de venir en France. Alors, j'ai l'intention d'y aller avec ma famille l'année prochaine.

[후보자 : 나는 지난 해 두 달 동안 파리에 있었습니다. 나는 두 명의 프랑스인을 만났는데 우린 친구가 되었죠. 그들이 이번 여름에 견습사원의 자격으로 서울에 왔습니다. 그래서 나는 그들에게 내 집에서 머물 것들 제안했고 그 친구들은 내 제안을 받아들였습니다. 무엇보다 우선 그들은 서울을 방문하고 싶어 했습니다 : 덕수궁, 인사동, 등등..

그리고 나서 내 차가 고장 났기 때문에 내 아버지께서 내게 차를 빌려주셔서 우린 한국을 한 바퀴 돌았죠. 한국에는 정말 볼 것이 많았고 우린 모두 만족해했습니다. 내 프랑스 친구들은 견습을 마치고 지난달에 프랑스로 돌아갔습니다. 내가 그들을 공항에 배웅했을 때, 그들은 우리 가족에게 프랑스에 올 것을 제안했습니다. 그래서 나는 내년에 가족과 함께 프랑스에 갈 생각입니다]

주요사항

1. 소유대명사

1) 형 태

강세인칭 대 명 사	단 수		복 수	
	남 성	여 성	남 성	여 성
moi	le mien	la mienne	les miens	les miennes
toi	le tien	la tienne	les tiens	les tiennes
lui elle	le sien	la sienne	les siens	les siennes
nous	le nôtre	la nôtre	les nôtres	
vous	le vôtre	la vôtre	les vôtres	
eux elles	le leur	la leur	les leurs	

a) 소유대명사는 정관사+mien, tien, ...으로 구성되어 있는데, 성과 수 그리고 인칭에 따라 형태가 변한다.

Voici mon livre et voilà le tien (=ton livre).
[이것은 내 책이고 저것은 네 것이야]

b) 소유형용사의 경우 o 위에 ^이 없는 반면, 소유대명사의 경우 1, 2인칭 복수에서 o 위에 ^이 있다

C'est votre chien? Oui, c'est le nôtre.
[이것이 당신들의 개입니까?] [예, 우리의 것입니다]

2) 용 법

a) 소유대명사는 반복을 피하기 위해 소유형용사가 선행하는 명사를 대체한다.

Je vais aller chercher mes enfants et les tiens à l'école.
(=tes enfants)
[나는 내 아이들과 너의 아이들을 찾으러 학교에 갈거야]

b) 소유대명사는 명사의 모든 기능을 갖는다.

– 주어 : Et votre fils? Il travaille bien? Non. Le mien ne travaille pas.
[당신의 아들은요? 공부 잘합니까? 아니오. 내 아들은 공부를 안해요]

– 직접목적보어 : J'ai vendu la mienne l'année dernière.
[나는 지난해에 나의 것을 팔았어요]

c) 명사의 가치를 가질 수 있다.

On gagne de l'argent pour les siens(=sa famille)
[사람들은 가족을 위해 돈을 번다]

Qui a perdu? La vôtre (=votre équipe).
[누가 졌습니까?] [당신 팀이요]

d) 축배, 건배할 때 À la nôtre(=à notre santé), à la tienne(=à ta santé), à la vôtre(=à votre santé)

2. 강세인칭 대명사

1) 형 태

	주 어		강 세			주 어		강 세	
1인칭 단수	**Je**		**Moi**		1인칭 복수	**Nous**			
2인칭 단수	**Tu**		**Toi**		2인칭 복수	**Vous**			
3인칭 단수	**Il**	**Elle**	**Lui**	**Elle**	3인칭 복수	**Ils**	**Elles**	**Eux**	**Elles**

2) 용 법

a) moi와 toi는 문장의 주어로서 쓰일 수 없으며 항상 je와 tu를 동반한다 :

Toi, tu prends le métro et moi, je prends le taxi.
[너는 지하철을 타, 나는 택시를 탈께]

Lui, il est acteur, elle, elle est chanteuse.
[그는 배우고 그녀는 가수다]

* Moi prépare le repas, toi fais la vaiselle.
[나는 음식을 할테니까 넌 설거지를 해]

b) 질문에 대한 답변

Qui va répondre? [누가 답변을 할래?]
Moi. [저요]

c) 등위를 나타내는 단어와 함께

Qui va résoudre ce problème? [누가 이 문제를 해결할 수 있을까?]
Toi ou moi? [너 아니면 나?]
Ni toi ni moi, c'est Paul. [너도 나도 아닌 뽈이야]

d) 전치사 뒤

Je vais au cinéma. Tu veux venir avec moi?
[나 극장에 가는데 나랑 같이 가고 싶니?]
Je rentre chez moi. [나 집으로 가]

e) c'est 또는 ce sont 뒤

C'est moi qui ai fait ça. [그것을 한 사람은 나야]

3. 국적, 국민, 언어

국 가	국 민		국 가	국 민	
	남 성	여 성		남 성	여 성
Corée [한국]	coréen	coréenne	France [프랑스]	français	française
Chine [중국]	chinois	chinoise	Italie [이탈리아]	italien	italienne
Japon [일본]	japonais	japonaise	Angleterre [캐나다]	anglais	anglaise

* 국가를 나타내는 명사의 성 : -e로 끝나면 여성(전치사 en, la), 그렇지 않으면 남성(au, le)

J'habite	en	Corée France Italie	[나는 ___에 살고 있다]
Je pars pour	la		[나는 ___로 떠난다]
J'habite	au	Japon Canada Monaco	
Je pars pour	le		

Exercice 2 – Exercice en interaction

Au choix par tirage au sort :

> Sujet (3 à 4 mn)
>
> Faire face à une situation inhabituelle.
>
> Vous avez acheté une télévision très chère il y a une semaine, mais elle est en panne sans aucune raison. Alors, vous allez au magasin où vous l'avez achetée.
>
> Vous demandez au vendeur de rembourser le prix de la télévision. Mais, le vendeur refuse de vous le rembourser.

A : ______________________________

B : ______________________________

A : ______________________________

B : ______________________________

A : ______________________________

B : ______________________________

A : ______________________________

B : ______________________________

A : ______________________________

B : ______________________________

해석

Au choix par tirage au sort [뽑기를 통한 선택]

> Sujet (3 à 4 mn)
>
> Faire face à une situation inhabituelle.
>
> Vous avez acheté une télévision très chère il y a une semaine, mais elle est en panne sans aucune raison. Alors, vous allez au magasin où vous l'avez achetée.
>
> Vous demandez au vendeur de rembourser le prix de la télévision. Mais, le vendeur refuse de vous le rembourser.
>
> [일주일전에 당신은 아주 비싼 텔레비젼을 샀는데 아무런 이유도 없이 고장이 났습니다. 그래서 당신이 텔레비젼을 산 상점에 갔습니다. 당신은 판매인에게 텔레비전의 값을 돌려달라고 요구했습니다. 그러나 판매인은 돈을 돌려줄 것을 거부합니다]

– Mais ce n'est pas possible. Pourquoi vous ne pouvez pas me rembourser le prix de la télévision? Ça fait à peine une semaine que j'ai acheté cette télévision. Vous m'avez dit qu'il y a une garantie pendant un mois, et vous me rembourserez s'il y a des problèmes.
  [이것 말도 안돼요. 왜 나에게 텔레비전 값을 돌려줄 수 없다는 거죠? 내가 이 텔레비전을 산지 겨우 일주일이 지났을 뿐인데요. 당신은 내게 한 달 동안 보증기간이 있다고 말을 했고 문제가 있을 시 돈을 돌려준다고 했잖아요]
– Oui, je m'en souviens bien, madame. Mais ce n'est pas le cas, cette fois-ci.
  [예, 저도 잘 기억하고 있습니다. 하지만 이번에는 그 경우가 아닙니다]
– Comment ça? [그게 무슨 말이죠?]
– Vous avez acheté la télévision qui était en solde, et je vous ai dit qu'il n'y aura pas de garantie. C'est la raison pour laquelle je vous ai conseillé d'acheter un autre modèle.
  [당신은 할인 판매중인 텔레비전을 샀고 제가 당신께 어떠한 보증도 없다고 말씀드렸어요. 그런 이유 때문에 제가 당신에게 다른 모델을 사라고 충고했구요]

– Mais qu'est-ce que vous me racontez? C'est vous qui m'avez proposé ce modèle en disant que c'est la meilleure qualité.
[당신 지금 무슨 얘기를 하는 거에요? 이 텔레비전이 최고의 품질이라고 말하면서 이 모델을 내게 권한 사람이 당신이잖아요]
– Vous avez mal compris ce que j'ai dit, madame. Le modèle don't je vous ai parlé était juste à côté de celle que vous avez acheté.
[제가 말한 것을 잘 못 이해하셨군요. 제가 당신께 말한 모델은 당신이 산 텔레비전 바로 옆에 있던 것입니다]
– Quoi? Vous me prenez pour une imbécile? Je veux parler avec votre patron. Appelz-le!
[뭐라구요? 나를 바로로 취급하는 거에요? 당신 상사와 말하고 싶으니까 그 사람을 부르세요!]

주요사항

1. 관계 종속절(la proposition subordonnée relative)

관계 종속절이란 주절(proposition principale)에다가 단순관계대명사(qui, que, dont, où, quoi) 또는 복합관계대명사(전치사+lequel : duquel, auquel)로 도입되는 종속절이 관계되는 문장을 일컫는다.

1) 관계 종속절의 기능

a) 주절에서 이미 설명되어진 단어 또는 생각에 대한 정보를 보충하고 싶을 때
J'ai un frère. <> J'ai un frère qui a trois ans plus que moi.
[나는 나보다 3살 많은 형제가 있다]

b) 관계대명사는 선행사라고 불리는 단어를 대체하는데 선행사는 다음과 같다
– 명사 : Tu as lu le livre que je t'ai prêté?
[너 내가 너에게 빌려준 책을 읽었니?]
– 인칭대명사 또는 지시대명사
Vous avez vu mon fils? Je l'ai vu qui jouait dans le jardin.
[제 아들을 보셨나요?] [당신 아들이 정원에서 노는 것을 보았어요]

Qui est votre fille? C'est celle qui a de longs cheveux.
[당신 딸이 누구죠?] [긴 머리카락을 하고 있는 사람이에요]

c) 관계절은 근본적으로 명사의 형용사 또는 보어 기능을 한다.

J'ai acheté une voiture qui est jaune et rouge.
(=une voiture jaune et rouge)
[나는 노랗고 붉은 색의 차를 샀다]
J'ai acheté une robe dont l'encolure est en V.
(=une robe à l'encolure en V)
[나는 목이 V 자형인 옷을 샀다]

d) 주절에서 표현된 생각을 되풀이 하거나 보충하는 기능을 한다. 이 때 관계대명사는 ce qui, ce que, ce dont 등이다.

Mon fils a réussi à l'examen, ce qui m'a fait plaisir.
[내 아들이 시험에 합격했는데, 그것이 나를 기쁘게 했다]
Il est déjà parti, ce que je ne savais pas.
[그는 이미 떠났는데, 나는 몰랐어]
Elle a gagné le grand prix au concours, ce dont elle était contente.
[그녀는 대회에서 대상을 받았는데, 그것에 만족해 했다]

2) 관계종속절의 위치

a) 주절 뒤

C'est un beau garçon qui attire beaucoup de filles.
[그는 많은 소녀들의 관심을 끄는 잘생긴 청년이야]
Paul a pris le livre dont j'ai absolument besoin pour mon examen.
[뽈은 내가 시험을 위해 꼭 필요로 하는 책을 가져갔어]

b) 주절의 내부에 삽입

Paul qui n'a ni frère ni soeur est devenu égoïste.
[형제도 자매도 없는 뽈은 이기주의자가 되었다]
La voiture dont j'avais besoin s'est vendue.
[내가 필요로 했던 자동차가 팔렸다]
La companie dans laquelle je travaillais est tombée en faillite.
[내가 일하던 회사가 파산했다]

c) 문장 맨 앞에 위치할 수 있는데, 이 경우 c'est que+직설법 또는 접속법, c'est de+부정법(l'infinitif)으로서 강조의 의미를 지닌다.

Ce qui embête les étudiants, c'est que les examens sont trop difficiles.
[학생들을 괴롭히는 것은, 바로 시험들이 너무 어렵다는 것이다]
Ce qui est bien avec le professeur de français, c'est de travailler sans ennuyer.
[프랑스어 선생님과 좋은 것은, 지루하지 않게 공부한다는 거야]

d) 문장에서의 관계절의 위치는 선행사와 관계대명사를 가능한 한 가까이에 위치시키는 것이 일반적인 규칙인데, 단 다음의 경우 이 규칙을 따르지 않아도 된다 :

- 관계대명사가 qui로 시작되고 선행사가 인칭대명사인 경우
  Je les ai regardés qui jouaient au football au stade.
  [나는 경기장에서 축구를 하고 있는 그들을 보았다]
- 선행사가 하나 또는 여러 개의 품질형용사를 동반하는 경우
  Il a acheté la voiture à rayures bleues et rouges que j'ai aimée beaucoup.
  [그는 내가 아주 좋아했던 파랗고 붉은 줄무늬 색의 자동차를 샀다]
- 주절은 여러 개의 관계 대명사에 의해 도입되는 관계종속절, 병립종속절 또는 등위 종속절이 뒤따라 올 수 있다
  Léon, film que Luc Besson a réalisé en 1998 et qui est sans doute le meilleur oeuvre de ses films, passe dans les salles d'exclusivité chez nous.
  [뤽 베쏭이 1998년에 제작하고 그의 영화들 중에서 최고 작품인 영화 레옹이 우리나라에서 개봉관에서 상영된다]

2. 강 조

문장 안에 있는 특정 요소를 강조하는 경우에 사용하는 문장이다.

반 복 ; 강조하고자 하는 요소를 분리하고 대명사로 반복한다.

a) 해당하는 인칭대명사 앞 또는 뒤에 강세인칭대명사에 의한 대명사 (주어 또는 목적어)의 반복

Moi, j'adore le football.
[나는 축구를 정말 좋아해]

Je déteste la musique classique, moi.
[나는 고전 음악을 아주 싫어해]
Et lui, tu le connais bien?
[그럼 그 남자를 잘 알아?]
Tu les connais, eux?
[너 그들을 아니?]

b) 해당하는 명사 앞 또는 뒤에 인칭대명사를 통해 보통명사 또는 고유명사의 반복
Pierre, tu l'as vu hier?
[너 뻘을 어제 봤니?]
Tu l'as vu, Paul, hier?
Tu l'as vu hier, Paul?

Ma mère, je lui téléphone souvent.
[나는 어머니께 자주 전화를 드려]
Je lui téléphone souvent, à ma mère.
Du café, tu en prends tous les jours?
[너 커피를 매일 마시니?]
Tu en prends tous les jours, du café?

c) 해당하는 명사앞 또는 뒤에 중성대명사 ça에 의한 명사의 반복
Le cinéma, vous aimez ça?
[영화를 좋아하십니까?]
Vous aimez ça, le cinéma?

Exercice 3

Sujet No 1 Préparation : 10 minutes

Objectifs :
- Identifier un sujet de discussion à partir d'un texte déclencheur.
- Donner son opinion et en débattre avec l'examinateur.

Consigne

Vous dégagerez le thème soulevé par le document ci-dessous. Et vous présenterez votre opinion sous la forme d'un petit exposé de 3 minutes environ. L'examinateur pourra vous poser quelques questions.

Bar à mangas

10millions de ventes par an : la France est le deuxième pays au monde consommateur de mangas, les fameuses BD japonaises. Il manquait au pays d'adoption le concept du ≪manga kissa≫, cet espace de détente consacré aux mangas qui fait fureur au Japon. C'est désormais chose faite grâce à l'initiative de Ben Kordova, un sorbonnard de 20 ans qui vient d'ouvrir, avec toute sa famille, le premier ≪manga café≫ européen au quartier Latin. Ce n'est pas un énième bar à thème, mais un lieu où, après s'être acquitté d'un forfait de 4 euros l'heure, tout est à volonté : consultation des 8,000 volumes en rayon, accès Internet, consoles PlayStation à disposition et Pepsi à la fontaine. Et ce dans un cadre design et confortable en rouge et noir. Le rêve des lecteurs clandestins de la Fnac. ≪Je veux que mes clients (en majorité des trentenaires) se sentent comme chez eux≫, explique Mme Kordova, la maman de Ben, qui félicite ses jeunes protégés pour leur attitude exemplaire.

Manga Café : 11 bis, rue des Carmes, 75005.

해 석

Objectifs [목표]

- Identifier un sujet de discussion à partir d'un texte déclencheur.
  [주어진 텍스트로부터 토론의 주제 확인]
- Donner son opinion et en débattre avec l'examinateur.
  [자신의 의견을 내놓고 감독관과 토론하기]

Consigne

Vous dégagerez le thème soulevé par le document ci-dessous. Et vous présenterez votre opinion sous la forme d'un petit exposé de 3 minutes environ. L'examinateur pourra vous poser quelques questions.
[아래에 있는 글에 나타난 주제를 발췌하세요. 그리고 대략 3분 정도로 발표형식을 통해 당신의 의견을 소개하세요. 감독관이 당신에게 몇 가지 질문을 할 것입니다]

Bar à mangas

10millions de ventes par an : la France est le deuxième pays au monde consommateur de mangas, les fameuses BD japonaises. Il manquait au pays d'adoption le concept du ≪manga kissa≫, cet espace de détente consacré aux mangas qui fait fureur au Japon. C'est désormais chose faite grâce à l'initiative de Ben Kordova, un sorbonnard de 20 ans qui vient d'ouvrir, avec toute sa famille, le premier ≪manga café≫ européen au quartier Latin. Ce un lieu où, après s'être acquitté d'un forfait de 4 euros l'heure, tout est à volonté ≪Je veux que mes clients (en majorité des trentenaires) se sentent comme chez eux≫, explique Mme Kordova, la maman de Ben.

[만화가 있는 바]

일 년에 천만부가 팔린다 : 프랑스는 유명한 일본 만화 다음으로 세계에서 만화를 보는 두 번째 국가이다. 프랑스에서는 일본에서 붐이 일고 있는 만화만을 볼 수 있는 휴식 공간인 <만화가게>의 개념을 적용하지 못했었다. 이제부터는 라틴가에서 최초의 유럽 <만화 카페>를 가족과 함께 열은 20살의 소르본 학생인 벤 코르도바의 시도 덕분에 가능하게 되었다. 이곳은 한 시간에 4유로를 내면 그 카페를 떠날 때까지 모든 만화를 볼 수 있는 곳이다<나는 내 손님들이(대부분 30대들) 자신의 집과 같은 느낌을 가졌으면 좋겠습니다>라고 벤의 어머니는 말을 하고 있다]

Manga Café : 11 bis, rue des Carmes, 75005.
© le point 17/08/06

A : En fait, le Japon est un pays très connu dans le domaine de la bande dessinée. Et maintenant, elle est devenue l'un des éléments importants dans le marché culturel. Par exemple, il exite aussi la bande dessinée française célèbre comme Astérix ou Tintin. Mais on peut voir la bande dessinée japonaise en France comme "Dragon ball Z". Je pense que la bande dessinée joue un rôle essentiel pour savoir la pensée ou la vie des gens d'autres pays.

[사실 일본은 만화 분야에서 아주 잘 알려진 나라입니다. 그리고 지금 만화는 문화시장에서 매우 중요한 요소들 중 하나가 되었습니다. 예를 들어, 아스테릭스나 틴틴처럼 프랑스 만화가 있지만 우린 드라곤 볼 Z와 같은 일본 만화를 프랑스에서도 볼 수 있습니다. 나는 만화가 다른 나라 사람들의 생각이나 생활을 아는데 중요한 역할을 한다고 생각합니다]

Question :

B : Comment ça se passe en Corée par rapport à la bande dessinée?
[만화에 대해 한국은 어떻습니까?]

A : Il y a beaucoup de bandes dessinées coréennes chez nous. La plupart des jeunes les adorent.
[우리나라에도 많은 한국 만화들이 있습니다. 대부분의 청소년들은 만화를 아주 좋아합니다]

B : Est-ce qu'il exite le manga kissa chez vous?
[당신 나라에도 만화방이 있어요?]

A : Bien sûr. Il y en a partout.
[물론이죠. 어디에나 있습니다]

B : Qu'est-ce que vous en pensez?
[그것에 대해 어떻게 생각하세요?]

A : On peut se reposer en lisant la bande dessinée. Le problème, c'est qu'il y a trop de bandes dessinées qui traitent la violence influencée par celle du Japon. Comme ce sont les jeunes qui lisent les bandes dessinées, on doit réfléchir avant de dessiner. D'ailleurs, la plupart des mangas kissas s'ouvrent 24 h sur 24, il risque d'être utilisé du mauvais côté.
[만화를 읽으면서 휴식을 취할 수 있습니다. 문제는 일본 만화의 영향을 받아 폭력을 다루는 만화들이 너무 많다는 것이죠. 청소년들이 만화를 읽기 때문에, 만화를 그리기 전에 심사숙고 해야만 합니다. 게다가, 대부분의 만화방이 24시간 개방되어 있기 때문에 나쁜 쪽으로 이용될 위험도 있죠]

3

1. 듣기 평가

Document 1 : 몸이 아팠을 때 환자와 의사 간의 대화체 문장
Document 2 : 화재에 관련된 안내 방송
Document 3 : 프랑스 파리에 대한 최근 화제에 관한 방송 (흡연)

2. 독해 평가

Exercice 1 : 여행기관에 관한 내용
Exercice 2 : 2006년 월드컵 당시 지단과 관련된 기사 내용

3. 작문 평가

최근 한국에서 가장 변화한 사항에 대한 작문 (남한과 북한과의 관계)

4. 말하기 평가

Exercice 1 : 미래의 계획에 관련된 내용
Exercice 2 : 뜻하지 않은 상황에 접했을 때의 대화 (친구의 환송파티)
Exercice 3 : 특별한 주제에 관련된 기사를 읽고 자신의 의견을 요약 발표하는 동 시에 이와 관련된 내용의 질의응답 (건조기 때 물 사용에 관한 문제)

세 번째 부분

Partie 1

Compréhension de l'oral

◆ Consignes

Vous allez entendre trois documents sonores, correspondant à des situations différente. Pour premier et le deuxième document, vous aurez :

- 30 secondes pour lire des questions ;
- une première écoute, puis 30 secondes de pause pour commencer à répondre aux questions :
- une deuxième écoute, puis 1 minute de pause pour compléter vos réponses.

Répondez aux questions, en cochant (☒) la bonne réponse, ou en écrivant l'informations demandée.

◆ Conversation

Document 1

1. Avec qui Monsieur Chavet parle-t-il?

☐ Le professeur ☐ Le médecin ☐ L'infirmier

2. Quel est le problème de Monsieur chauvet?

☐ Il a perdu son enfant.
☐ Il est malade.
☐ Il cherche du travail.

3. Qu'est-ce que Monsieur Chauvet a fait hier?

☐ Il a joué au tennis avec son ami sous la pluie.
☐ Il a travaillé toute la nuit.
☐ Il s'est promené avec son ami sous la pluie.

4. Il a mal :

☐ à la tête et à la jambe.
☐ à la gorge et à la tête.
☐ à la tête et à l'oreille.

5. Il a de la fièvre :

☐ Vrai ☐ Faux ☐ On ne sait pas

6. Qu'est-ce qu'il doit faire pour être guéri?

___

해 석

Chauvet	Bonjour, docteur. [안녕하세요, 의사선생님]
Médecin	Bonjour Monsieur Chauvet. Q'est-ce qui ne va pas? [안녕하세요 쇼베선생님. 어디가 편찮으세요?]
Chauvet	J'ai mal partout. [온 몸이 아파요]
Médecin	Expliquez-moi ce qui s'est passé. [무슨 일이 있었는지 설명해 보세요]
Chauvet	Voilà ; il pleuvait hier et je suis sorti pour rencontrer mon ami et on a marché sous la pluie. Je me suis couché tard et quand je me suis réveillé ce matin, j'avais un mal de tête horrible. [비가 왔었는데 제가 친구를 만나러 우산 없이 외출을 했거든요. 우린 비를 맞고 걸었죠. 늦게 잠자리에 들었는데 오늘 아침에 일어나보니, 머리가 깨질듯이 아픈 거에요]
Médecin	Vous avez mal à la gorge? [목은 아프지 않으세요?]
Chauvet	Oui. [아파요]
Médecin	Et vous avez aussi de la fièvre? [열도 있구요?]
Chauvet	Oui, 39 depuis hier. [예, 어제부터 39도에요]
Médecin	Ah! Vous avez attrapé la grippe. [감기에 걸리셨네요.]
Chauvet	Pardon? Je n'ai pas bien compris. [뭐라구 하셨죠? 이해를 잘 못했어요]
Médecin	Vous avez attrapé un rhume. Bon, je vous donne l'ordonnance et vous allez acheter les médicaments à la pharmacie. Surtout, reposez-vous bien! [감기에 걸리셨다구요. 처방전을 드릴테니 약국에 가서 약을 사세요. 특히 휴식을 취하세요]
Chauvet	Ah! Merci docteur. [고맙습니다, 의사 선생님]

주요사항

1. 신체의 일부를 나타내는 표현

주 어	avoir	mal	à	정관사	신체 일부	
J'	ai	mal	à la		tête.	[머리가 아프다]
Tu	as				jambe.	[다리가 아프다]
Il, Elle	a		au		ventre	[배가 아프다]
Nous	avons				pied	[발이 아프다]
Vous	avez		aux		dents.	[이가 아프다]
Ils, Elles	ont				yeux.	[눈이 아프다]

2. 의문문

1) 부정의문문

주로 긍정적인 답변을 요구하거나 확인 또는 동의를 구하는 경우에 사용하는데, 이 경우 답변은 si가 된다.

Il n'est pas beau? Si, il est beau.
[그는 잘 생기지 않았니?] [응, 잘 생겼어]
Quelqu'un n'a pas frappé à la porte? Si, je vais ouvrir la porte.
[누가 문을 두드리지 않았니?] [응, 내가 문을 열께]
Ce n'est pas l'heure de travailler? Si, je vais à la bibliothèque.
[공부할 시간 아냐?] [응, 나 도서관 간다]

2) 의문에 대한 강조를 나타낼 때

긍정문 끝에 n'est-ce pas, non 등을 첨가한다.

C'est intéressant, non? [이거 재미있죠, 그렇지 않아요?]
Vous le connaissez bien, n'est-ce pas?
[당신 그 사람을 잘 알죠, 그렇지 않아요?

3) 양자택일의 의문문

ou로 연결되는 이중 의문문으로서 oui, non, 또는 peut-être 등과 같은 것으로 변할 수 없는 것이 특징이다.

Tu aimes le football ou le tennis?
[너 축구를 좋아하니 아니면 테니스를 좋아하니?]
Tu viens ou pas? [너 올래, 안 올래?]

3. 명령법 (l'impératif)

2인칭 단수와 복수에 사용하는 것으로

1) 명 령

Sors! Sortez! [나가라! 나가세요!]

2) 충 고

Refusez cette offre, croyez-moi! [이 제안을 거절하세요, 날 믿으세요!]

3) 바 램

Rentrez bien! [잘 돌아가세요!]

4) 기 도

Donnez-moi la force! [내게 힘을 주세요!]

☺ 2인칭 단수에서, 동사가 -er로 끝나는 1군 동사이고, 뒤에 오는 요소가 자음인 경우, -s를 생략하고 -e만 쓴다.

Mange cette pomme! [이 사과를 먹어!] Manges-en! [이것을 먹어!]

4. 지시형용사(l'adjectif démonstratif)

1) 형 태

남성단수	모음, h로 시작하는 남성단수	여성단수	남, 여 복수
ce	cet	cette	ces

2) 용 법

a) 한정적 가치 : 정관사와 마찬가지로 한정적 가치를 가지는데, 흔히 손 혹은 머리와 같은 신체의 일부를 사용하여 그 대상을 지칭하기도 한다.

J'ai acheté cette voiture.
[나는 이 자동차를 샀어]

b) 방금 언급하였거나, 곧 언급할 사람 혹은 사물을 나타낸다.

Écoute cette histoire!
[이 이야기를 들어봐!]
Tu connais bien cet homme qui vient de te téléphoner?
[너 한테 방금 전화한 그 남자를 너 잘 알고 있니?]

c) 부사 -ci와 함께 가까운 시간대를 나타낸다.

Tu travailles trop ces jours-ci. (hier [어제], avant-hier [(그제)]
[너 요즘 너무 열심히 공부하는데]

d) 부사 -là와 함께 약간 거리가 있는 시간대를 나타낸다(과거).

Il faisait très froid ce matin-là. [그날 아침 날씨가 몹시 추었다]

e) -ci와 -là와 함께 대립되거나 구체화시키는데 사용한다.

Je choisis ce livre-ci, et toi, tu choisis ce livre-là.
[나는 여기 이 책을 고를테니까 너는 저기 저 책을 골라]

f) 분노, 업신여김, 존경 또는 예의 등과 같은 감정을 나타낸다.

Ah, ces élèves!
[아, 이 한심한 학생들 같으니라구!]
Qu'est-ce que je sers à ces messieurs?
[손님들은 무엇을 드시겠습니까?]

g) en ce moment은 현재를 나타내는 반면 à ce moment-là는 과거 혹은 미래에 관한 표현에 사용된다.

Il est absent en ce moment.
[그는 현재 자리에 없습니다]
Paul est entré à ce moment-là.
[바로 그 순간에 뽈이 들어왔다]

정답

1. Avec qui Monsieur Chavet parle-t-il? [쇼베씨는 누구와 얘기합니까?]
   - ☐ Le professeur [선생님]
   - ☒ Le médecin [의사]
   - ☐ L'infirmier [간호원]

2. Quel est le problème de Monsieur chauvet? [쇼베씨의 문제는 무엇입니까?]
   - ☐ Il a perdu son enfant. [그는 아이를 잃었다]
   - ☒ Il est malade. [그는 아프다]
   - ☐ Il cherche du travail. [그는 일자리를 찾고 있다]

3. Qu'est-ce que Monsieur Chauvet a fait hier? [쇼베씨는 어제 무엇을 했는가?]
   - ☐ Il a joué au tennis avec son ami sous la pluie.
     [비를 맞고 친구와 테니스를 쳤다]
   - ☐ Il a travaillé toute la nuit. [밤새 일을 했다]
   - ☒ Il s'est promené avec son ami sous la pluie.
     [비를 맞고 친구와 산책했다]

4. Il a mal : [그는 ______ 아프다]
   - ☐ à la tête et à la jambe. [머리와 다리가]
   - ☒ à la gorge et à la tête. [목과 머리가]
   - ☐ à la tête et à l'oreille. [머리와 귀가]

5. Il a de la fièvre : [그는 열이 있다]
   - ☒ Vrai
   - ☐ Faux
   - ☐ On ne sait pas

6. Qu'est-ce qu'il doit faire pour être guéri?
   [그는 치유되기 위해 무엇을 해야 하나?]

   Il doit prendre les médicaments et se reposer bien.
   [약을 먹고 푹 쉬어야 한다]

◆ Emissions de radio et enregistrements

Document 2

1. Il s'agit :
   - ☐ d'un accident de voiture.
   - ☐ d'un accident de feu.
   - ☐ d'un accident de travaux.

2. Cet accident a eu lieu dans :
   - ☐ un immeuble résidentiel.
   - ☐ un hôpital.
   - ☐ un hôtel.

3. La mort d'un homme de 58 ans est à cause de :
   - ☐ l'âge.
   - ☐ l'intoxication.
   - ☐ la chute.

4. Dans quel état cet homme était-il?

   ____

5. Il habitait dans un sixième résident :
   - ☐ Vrai .
   - ☐ Faux
   - ☐ On ne sait pas

해 석

Le bilan de l'incendie d'une habitation divisée en chambres meublées, dimanche à Roubaix (Nord). s'est alourdi lundi avec le décès d'un sixième résident, tandis que l'enquête se poursuivait, avec notamment la prolongation de la garde à vue du propriétaire de l'immeuble.

La nouvelle victime, un homme de 58 ans, est mort des suites de ses blessures. Son décès est "sans doute lié à une intoxication par la fumée", a expliqué le procureur de la République de Lille, Philippe Lemaire. Selon des locataires rescapés, ce résident était "infirme" et "avait beaucoup de mal à se déplacer".

[루벡스 (북쪽)에서 일요일에 가구들이 놓여있는 방을 나누어 살고 있던 거주지에서 화재가 일어나 월요일 6번째 동에 살고 있던 주민이 사망하면서 더욱 심각해졌으며 조사가 진행 중인데 특히 건물의 주인에 대해 기간을 연장하여 조사를 하고 있다.

새로운 희생자는 58세의 남자로서 부상이 악화되어 숨졌다. 그의 사망은 "연기에 의한 질식과 틀림없이 밀접한 관계가 있다"고 릴 지방 검사인 필립 르메르가 설명하였다. 구조된 세입자에 따르면 이 주민은 장애인이었고 움직이는데 많은 어려움이 있었다.]

France-Info, Incendie à Roubaix, 21 Août 2006 19h37

주요사항

1. 요일 및 달에 관계된 어휘들

월요일	화요일	수요일	목요일	금요일	토요일	일요일
lundi	mardi	mercredi	jeudi	vendredi	samedi	dimanche

1월	2월	3월	4월	5월	6월
janvier	février	mars	avril	mai	juin
7월	8월	9월	10월	11월	12월
juillet	août	septembre	octobre	novembre	décembre

2. 파생부사

1) 접미사를 첨가하는 방법

a) 형용사의 여성형+-ment

남성 형용사	여성 형용사	부 사
heureux [행복한]	heureuse	heureusement
certain [확실한]	certaine	certainement
actif [활동적인]	active	activement

b) 형용사의 여성형+-ément

남성 형용사	여성 형용사	부 사
énorme [거대한]	énorme	énormément
précis [구체적인]	précise	précisément

c) 강세된 모음으로 끝나는 남성 형용사+-ment

남성 형용사	부 사
joli [예쁜]	joliment
poli [친절한]	poliment
vrai [진실의]	vraiment

d) 특이한 경우의 파생 부사들

– 지금은 존재하지 않는 형용사의 가장 오래된 형태+-ment

grave [심각한] – gravement
grief – [(육체적 손상으로 인한) 심각한] – grièvement
brief [bref [간단한]의 고대 형태] – brièvement
gentil – gentille – gentiment

– 접미사가 -ent 또는 -ant로 끝나는 형용사에 대한 파생부사들

-ent → -emment : prudent [신중한] – prudemment

évident [명백한] – évidemment

-ant → -amment : courant [흔한] – couramment

constant [끊임없는] – constamment

정 답

1. Il s'agit : [이것은 ______ 것이다]
   - ☐ d'un accident de voiture. [자동차 사고에 관한]
   - ☒ d'un accident de feu. [불의 사고에 관한]
   - ☐ d'un accident de travaux. [공사 사고에 관한]

2. Cet accident a eu lieu dans : [이 사고는 ________에 일어났다]
   - ☒ un immeuble résidentiel. [주택 건물]
   - ☐ un hôpital. [병원]
   - ☐ un hôtel. [호텔]

3. La mort d'un homme de 58 ans est à cause de :
   [58살의 남자의 죽음은 __ 때문이다]
   - ☐ l'âge. [나이]
   - ☒ l'intoxication. [질식]
   - ☐ la chute. [추락]

4. Dans quel état cet homme était-il?
   [이 남자의 상태는 어떠했는가?]

   Il était "infirme" et "avait beaucoup de mal à se déplacer"

5. Il habitait dans un sixième résident : [그는 6번째 동에 살고 있었다]
   - ☒ Vrai
   - ☐ Faux
   - ☐ On ne sait pas

Document 3

Vous allez entendre un document sonore. Vous aurez tout d'abord 1 minute pour lire les questions, puis vous entendrez deux fois l'enregistrement avec une pause de 3 minutes entre les deux écoutes. Après la deuxième écoute, vous aurez encore 2 minutes pour compléter vos réponses.

Répondez aux questions, en cochant la bonne réponse, ou en écrivant l'information demandée.

1. Il s'agit d'un document :
   - ☐ politique.
   - ☐ social.
   - ☐ touristique.

2. Selon le texte, on ne peut pas fumer dans la bibliothèque municipale :
   - ☐ Vrai
   - ☐ Faux
   - ☐ On ne sait pas

3. Il y a __________ morts provoqués par le tabac en le fumant eux-même.
   - ☐ 66000
   - ☐ 5000
   - ☐ 2004

4. Il y a _________ morts provoqués par le tabac en le fumant indirectement.
   - ☐ 66000
   - ☐ 5000
   - ☐ 2004

5. Xavier Bertrand est le ministre :
   - ☐ de la santé
   - ☐ des affaires étrangères
   - ☐ de la culture

6. La consommation de tabac a recommencé à baisser en France au début de 2006:
   - ☐ Vrai
   - ☐ Faux
   - ☐ On ne sait pas

7. L'interdiction de fumer dans les lieux publics nous permet de :
   - ☐ savoir l'importance de la sécurité routière.
   - ☐ savoir l'importance de la santé.
   - ☐ sauver des vies.

8. CDTF est :

   ____

해 석

Interdiction de fumer dans les lieux publics: "une mesure attendue", selon Xavier Bertrand

[공공장소에서 흡연금지 : 자비에 베르트랑에 따른 "예상된 조치"]

Le ministre de la Santé Xavier Bertrand a déclaré que l'interdiction de fumer dans les lieux publics(...) constituait "une mesure attendue", lundi à Bourgoin-Jallieu (Isère).

"Je suis persuadé que l'interdiction de fumer dans les lieux publics est une mesure attendue", a déclaré M. Bertrand.

"Le tabac en France, c'est d'abord deux chiffres: 66.000, comme le nombre de décès par an liés à sa consommation. Et 5.000, comme le nombre de morts à cause du tabagisme passif", a indiqué le ministre, invité à commenter la récente reprise de la consommation de tabac en France.

Or, pour Xavier Bertrand, "c'est l'interdiction de fumer dans les lieux publics qui peut nous permettre de sauver des vies". "Cela doit aussi permettre une prise de conscience, faire évoluer les mentalités comme on a su le faire avec la sécurité routière", a-t-il ajouté. (...)

Pour la première fois depuis 2002 et le début de la forte hausse des prix, la consommation de tabac a recommencé à augmenter en France, début 2006.

Les ventes ont augmenté de 2,8% sur les cinq premiers mois de l'année, alors que ce marché avait reculé de 0,4% en volume en 2005, par rapport à 2004, et de 32% entre début 2003 et fin 2004, selon des chiffres publiés par la Confédération des débitants de tabac de France (CDTF).

France-Info, 21 Août 2006 19h05

[보건부 장관인 자비에 베르트랑은 월요일 부르구왕-잘리으에서 "공공장소에서 흡연을 금하는 것은 예견된 조치"라고 말했다. "나는 분명 예견된 조치들이 있다고 생각하는데 그것은 바로 공공장소에서 흡연을 금하는 것이다"라고 베르트랑씨는 말했다.

"프랑스에서 담배는 우선 두 자리의 수치를 기록하고 있다 : 흡연과 관련된 사망의 수가 6만 6천명이고 간접흡연에 의한 사망자 수는 5천명에 이른다"라고 프랑스에서 담배소비에 대한 최근 성향을 분석하는 자리에 초대된 장관이 말했다.

2002년부터 그리고 가격을 많이 올리기 시작한 초 이후 처음으로 담배의 소비가 2006년 프랑스에서 다시 상승하기 시작했다. 프랑스 연초 소매협회가 발표한 통계에 따르면 판매는 2006년 처음 5개월 동안에 2,8%가 상승한 반면 2004년도에 비해 2005년도에 이 담배시장은 양에서 0,4% 줄었으며 2003년 초와 2004년 말 사이에는 32%가 줄었다]

주요사항

1. 전치사 de 뒤에서의 관사의 부재

양	un verre de vin [포도주 한잔]
	Il y a beaucoup de voitures à Paris. [파리에는 많은 차가 있다]
	une boîte d'allumettes [성냥 한갑]
	un paquet de cigarettes [담배 한갑]
특 성	table de travail [책상] table de nuit [머리맡 탁자]
	des lunettes de soleil [썬글라스] un chapeau de soleil [차양모자]
재 질	une robe de soie [명주로 만든 치마]
	un vase de cristal [크리스탈로 만든 꽃병]
	une feuille de papier [종이 한장]
출신지	Je viens de Corée. [나는 한국 출신이다]

여성 국가명 혹은 지방의 경우이며, 남성국가 혹은 지역의 경우는 정관사를 사용한다:

Jean vient de la France. Paul vient du Canada.

2. le의 용법

- 형용사 혹은 속사로 쓰인 명사에 의해 표현된 생각

Il est rapide comme l'éclair, mais elle, elle ne l'est pas. [le = rapide]
[그는 번개처럼 빠르지만 그녀는 그렇지 않다]
Il n'est pas encore professeur, mais je suis certain qu'il le deviendra.
[le = professeur]
[그는 아직 선생님이 아니지만, 그렇게 될 것이라고 확신한다]

- 동사에 의해 표현된 생각

J'ai envie de passer mon examen. [나는 시험을 통과하고 싶어]
Tu pourras le faire. [le = passer ton examen]

- 절 전체에 의해 표현된 생각

Il a gagné le grand prix au concours. [그가 대회에서 대상을 받았어]
Je ne peux pas le croire. [le = qu'il a gagné le grand prix]
[나는 그것을 믿을 수가 없어]

정답

1. Il s'agit d'un document : [- 관한 글이다]

☐ politique. [정치적인]
☒ social. [사회적인]
☐ touristique. [관광에]

2. Selon le texte, on ne peut pas fumer dans la bibliothèque municipale : [글에 따르면 시립도서관에서 담배를 피울 수 없다]

☒ Vrai
☐ Faux
☐ On ne sait pas

3. Il y a __________ morts provoqués par le tabac en le fumant eux-même.
   [스스로 담배를 피움으로써 담배에 의해 초래된 ___의 사망자가 있다]
   ☒ 66000 ☐ 5000 ☐ 2004

4. Il y a _________ morts provoqués par le tabac en le fumant indirectement.
   [간접적으로 흡연을 함으로써 담배에 의해 초래된 _____의 사망자가 있다]
   ☐ 66000 ☒ 5000 ☐ 2004

5. Xavier Bertrand est le ministre : [자비에 베르트랑은 _____장관이다]
   ☒ de la santé [보건부]
   ☐ des affaires étrangères [외무부]
   ☐ de la culture [문화부]

6. La consommation de tabac a recommencé à baisser en France au début de 2006:
   [담배 소비는 2006년 초에 프랑스에서 감소하기 시작했다]
   ☐ Vrai
   ☒ Faux
   ☐ On ne sait pas

7. L'interdiction de fumer dans les lieux publics nous permet de :
   [공공장소에서 흡연 금지는 우리에게 _____ 허용한다]
   ☐ savoir l'importance de la sécurité routière.
   [도로 안전의 중요성을 알도록]
   ☐ savoir l'importance de la santé.
   [건강의 중요성을 알도록]
   ☒ sauver des vies.
   [생명을 구할 수 있도록]

8. CDTF est : Confédération des débitants de tabac de France

Partie 2

Compréhension des écrits

Exercice 1

Lire pour s'orienter

Vous souhaitez suivre les cours de cuisine française en France. Surtout vous vous intéressez beaucoup à la pâtisserie. Comme vous êtes tout débutant, vous voulez apprendre à partir du niveau de base. Vous voulez également un logement qui n'est pas très cher. D'ailleurs, vous aimerez faire l'excursion s'il est possible. Vous hésitez entre les deux organismes suivants:

	Le Cordon Bleu Paris
Le but	Le Cordon Bleu a pour objectif de permettre à ses étudiants de maîtriser les techniques culinaires mais également de développer leur créativité artistique. En seulement neuf mois, les étudiants du Cordon Bleu progressent à partir du niveau de Base vers les niveaux Intermédiaire et Supérieur en Cuisine et Pâtisserie.
Méthode	L'incomparable méthode d'enseignement du Cordon Bleu associe démonstrations et cours pratiques. Les démonstrations ont lieu dans des salles multi-média spécialement équipées qui permettent aux étudiants d'observer en détail les techniques des Chefs. Les pâtisseries françaises traditionnelles ainsi que les desserts de restaurant sont présentés lors des démonstrations de Pâtisserie.
Logement	Le logement en chambre d'hôtes est habituellement le moyen le plus économique puisque les charges comme le chauffage, l'électricité, l'assurance et les taxes sont inclues. Cela peut aussi être une excellente méthode pour apprendre le français et mieux connaître la culture française. Vous pouvez aussi trouver les appartements meublés et studios dans le 15ème arrondissement,
L'activités culturelles	Une journée dans le vignoble est l'occasion de découvrir les cépages, les terroirs, et les traditions de vinification en Val de Loire.

	L'Académie Culinaire
Le but	L'Académie Culinaire est un centre culinaire dont la principale activité est d'offrir une grande variété de cours de cuisine aux gens qui désirent mieux cuisiner à la maison.
Méthode	Nous offrons une grande variété de cours s'adressant tout autant aux débutants qui ont besoin d'apprendre les bases de la cuisine, les techniques et conseils qui leur faciliteront la vie en cuisine, qu'aux cuisiniers chevronnés désirant approfondir leurs connaissances ou découvrir les nouveautés culinaires des quatre coins du monde.
Hébergement	Le logement en chambre d'hôtels : très luxieux mais cher.
Activité	– Activités corporatives L'Académie Culinaire vous propose une approche innovatrice pour favoriser le travail d'équipe : une journée intensive de consolidation d'équipe dans un atelier pratique en cuisine. – Activités privées Devenez des apprentis cuisiniers et réalisez des plats raffinés dans les cuisines professionnelles et modernes de l'Académie Culinaire. Nos chefs vous guideront dans la réalisation d'un menu de votre choix. Vous bénéficierez de ses trucs et de ses conseils pratiques

Pour chacun des centres de langues, et pour chacun des critères proposés, mettez une croix (X) dans la case <convient> ou <ne convient pas>.

	Le Cordon Bleu Paris		L'Académie Culinaire	
	Convient	Ne convient pas	Convient	Ne convient pas
Condition				
Niveau				
Logement				
Excursion				

해석

Vous souhaitez suivre les cours de cuisine française en France. Surtout vous vous intéressez beaucoup à la pâtisserie. Comme vous êtes tout débutant, vous voulez apprendre à partir du niveau de base et pour cela, vous voulez choisir l'école assez réputant. Vous voulez également un logement qui n'est pas très cher. D'ailleurs, vous aimerez faire l'excursion s'il est possible. Vous hésitez entre les deux organismes suivants:

[당신은 프랑스에서 프랑스 음식 수업을 받길 원합니다. 특히 당신은 제빵기술에 대해 관심이 많습니다. 당신은 아주 초보이기 때문에 기초 수준부터 배우려고 하며 이를 위해 명성이 널리 알려진 학교를 선택하길 원합니다. 또한 당신은 비싸지 않은 숙소를 찾고 있습니다. 게다가, 가능하다면 가벼운 여행을 하고 싶습니다. 당신은 아래의 두 기관 사이에서 망설이고 있습니다]

	Le Cordon Bleu Paris
Le but	Le Cordon Bleu a pour objectif de permettre à ses étudiants de maîtriser les techniques culinaires mais également de développer leur créativité artistique. En seulement neuf mois, les étudiants du Cordon Bleu progressent à partir du niveau de Base vers les niveaux Intermédiaire et Supérieur en Cuisine et Pâtisserie. [꼬르동 블루는 학생들이 요리 기술을 구사할 수 있게 해줄 뿐 아니라 예술적 창의성을 발전시키는 것은 목표로 합니다. 단지 9달 동아네 꼬르동 블루 학생들은 음식과 제빵기술에 있어서 아주 기초 단계서부터 출발하여 중간단계와 상위단계까지 진보할 수 있습니다]
Méthode	L'incomparable méthode d'enseignement du Cordon Bleu associe démonstrations et cours pratiques. Les démonstrations ont lieu dans des salles multi-média spécialement équipées qui permettent aux étudiants d'observer en détail les techniques des Chefs. Les pâtisseries françaises traditionnelles ainsi que les desserts de restaurant sont présentés lors des démonstrations de Pâtisserie. [꼬르동블루의 비교할 수 없는 교육방식은 시범과 실습 수업으로 구

	성됩니다. 시범 수업은 특별히 시설을 갖춘 다중-미디어 강의실에서 실시되는데 이는 학생들로 하여금 최고 요리사들의 기술을 상세히 관찰할 수 있게 해 줄 것입니다. 식당의 후식과 더불어 전통적인 프랑스 제빵기술은 제빵기술 시범에서 볼 수 있습니다]
Logement	Le logement en chambre d'hôtes est habituellement le moyen le plus économique puisque les charges comme le chauffage, l'électricité, l'assurance et les taxes sont inclues. Cela peut aussi être une excellente méthode pour apprendre le français et mieux connaître la culture française. Vous pouvez aussi trouver les appartements meublés et studios dans le 15ème arrondissement, [가정집에서 묵는 것은 보통 가장 경제적인 방법인데 왜냐하면 난방, 전기사용료, 보험 그리고 세금이 포함되기 때문입니다. 이는 또한 프랑스어를 배우고 프랑스 문화를 더 잘 이해할 수 가장 좋은 방법이기도 합니다. 또한 15구에 가구가 갖추어진 아파트와 스튜디오도 찾을 수 있습니다]
L'activités culturelles	Une journée dans le vignoble est l'occasion de découvrir les cépages, les terroirs, et les traditions de vinification en Val de Loire. [포도밭의 한나절 견학은 발 드 루와르 지역의 포도나무 묘목, 토양 그리고 포도주 만드는 전통 방법을 볼 수 있는 기회입니다]

	L'Académie Culinaire
Le but	L'Académie Culinaire est un centre culinaire dont la principale activité est d'offrir une grande variété de cours de cuisine aux gens qui désirent mieux cuisiner à la maison. [요리 아카데미는 요리 중심지로서 주된 활동은 집에서 좀 더 잘 요리하길 원하는 사람들에게 다양한 요리 수업을 제공하는데 있습니다]
Méthode	Nous offrons une grande variété de cours s'adressant tout autant aux débutants qui ont besoin d'apprendre les bases de la cuisine, les techniques et conseils qui leur faciliteront la vie en cuisine, qu'aux cuisiniers chevronnés désirant approfondir

	leurs connaissances ou découvrir les nouveautés culinaires des quatre coins du monde. [우린 요리의 기초, 기술을 배울 것을 필요로 하는 아주 초보자들에게 해당하는 다양한 수업과 충고를 제공하는데 이는 이들에게 요리의 세계를 잘 알 수 있게 하고 또한 요리사들에게는 전 세계의 새로운 요리들에 대해 좀 더 깊이 알고 발견할 수 있도록 합니다.]
Hébergement	Le logement en chambre d'hôtes : très luxieux mais cher. [가정 집 숙소 : 아주 화려하지만 비쌈]
Activité	– Activités corporatives L'Académie Culinaire vous propose une approche innovatrice pour favoriser le travail d'équipe : une journée intensive de consolidation d'équipe dans un atelier pratique en cuisine. [집단 활동 요리 아카데미는 당신에게 팀으로 하는 작업을 위한 새로운 혁신적인 접근을 제안합니다 : 부엌과 똑같은 시설의 작업실에서 팀의 호흡 강화에 대한 한나절의 특별 수업.] – Activités privées Devenez des apprentis cuisiniers et réalisez des plats raffinés dans les cuisines professionnelles et modernes de l'Académie Culinaire. Nos chefs vous guideront dans la réalisation d'un menu de votre choix. Vous bénéficierez de ses trucs et de ses conseils pratiques [개별 활동 초보요리사가 되고 요리 아카데미의 전문적이고 현대적인 요리 속에 세련된 음식을 만들어보세요. 우리의 최고 요리사들이 당신의 선택에 따른 메뉴를 만들도록 이끌어줄 것입니다. 당신은 이 요리사들의 특별한 기술과 실제적인 충고를 받을 수 있는 혜택을 입게 됩니다]

주요사항

1. 전치사 à와 de, pour

1) à

a) 문장의 구성

- 동사의 간접목적보어를 유도한다.

Je pense à mon avenir. [나는 내 장래에 대해 생각한다]

Il téléphone à ses parents tous les jours.
[그는 그의 부모님께 매일 전화한다]

- 부사의 보어를 유도한다(부사+à+동사원형).

J'ai encore beaucoup à te dire. [너에게 아직 할 말이 많아]

- 형용사의 보어를 유도한다.

Le français est facile à apprendre. [프랑스어는 배우기가 쉽다]

b) 명사의 보어를 유도하는 경우

- [쓰임새, 용도]를 나타낸다.

une tasse à thé [차를 마실 때 사용하는 잔]
une salle à manger [먹을 때 사용하는 방]
une chambre à coucher [잠잘 때 쓰는 방]

- 전치사 de가 사용된 경우와 혼동하지 말 것

une tasse de thé [차가 담긴 잔]
un verre de whisky [위스키가 담진 잔]

c) 특징 또는 특성을 나타낸다.

l'homme au chapeau rond [둥근 모자를 쓴 남자]
le pain aux raisins [포도가 든 빵]
la fille aux yeux verts [녹색 빛이 눈을 가진 소녀]

d) 상황보어를 유도하는 경우

- 장소 (예정지)

Je vais à Paris. [나는 파리에 간다]
Je vais à l'épicerie. [나는 식료품가게에 간다]

– chez 뒤에는 사람이 위치하는 반면 à 뒤에는 [가게]가 뒤따른다.

Je vais chez le boulanger <> Je vais à la boulangerie.

[나는 빵 가게에 간다]

– 거리

La poste est à deux kilomètres d'ici.

[우체국은 여기서 2킬로 떨어진 곳에 있다]

– 시간

Il arrive à Paris à midi. [그는 정오에 파리에 도착한다]

e) 공간적, 시간적 거리

Il habite à trois kilomètres de Paris.

[그는 파리에서 3킬로 떨어진 곳에 산다]

f) 단위, 척도

Vous vendez les fruits au poids ou à la pièce?

[당신 과일을 무게로 파세요, 아니면 갯수로 파세요?]

g) 방법, 수단

acheter à crédit [외상으로 사다]

à voix basse [낮은 목소리로]

h) 소속 [être+à : -의 것]

Cette voiture est à toi? [이 자동차가 너의 것이니?]

2) de

a) 동사와 함께

– 동사의 직접목적보어를 유도한다.

J'ai oublié **de** fermer la porte. [문 잠그는 것을 잊었네]

Cessez **de** critiquer les autres! [남을 헐뜯는 것을 그만두세요!]

– 동사의 간접목적보어를 유도한다.

Je m'occupe **des** enfants. [아이들은 내가 돌볼께]

b) 부사와 함께 : 부사+de+명사

Combien **d'**enfants avez-vous? [아이가 몇이시죠?]

c) 형용사와 함께

Je suis content **de** vous revoir. [당신을 다시 보게 되어 기쁩니다]

Je suis fier de toi. [나는 네가 자랑스럽다]

d) 명사와 함께

– [소유, 소속] : -의

Tu as vu la nouvelle voiture **de** Pierre?

[너 삐에르의 새 차를 봤어?]

– [부분, 분량] : -에 속하는, -중의

L'un **de** vous doit s'occuper des enfants.

[너희들 중 하나는 애들을 돌봐줘야 해]

Tu veux un verre **d**'eau? [물 한잔 마실래?]

Je veudrais un kilo **de** tomates. [토마토 1킬로 주세요]

– [목적, 용도] : -을 위한

Où est la salle **d**'attente? [대합실이 어디입니까?]

– [재료] : -으로 된, 만든

Où est-ce qu'on peut acheter un sac **de** papier?

[종이봉지를 어디서 살 수 있죠?]

e) 상황보어를 도입하는 경우

– [출발점, 기원, 출신] : -에서, -로부터

Vous venez **d'**où? [어디에서 오시는 거에요?]

De Marseille. [마르세이유에서요]

Les vins **de** France sont bons en général.

[프랑스산 포도주가 보통 맛이 좋아]

Vous êtes **de** quelle région? [어느 지방 출신이세요?]

– [원인, 동기] : – 때문에

Cet homme est mort **de** faim. [이 남자는 餓死했어]

Je suis très heureux **de** te voir. [너를 보게 되어서 정말 기뻐]

– [양태] : -하게, -로

Parlez **d**'une petite voix! [조그마한 목소리로 말하세요!]

– [양을 나타내는 부사와 함께]

Il y a trop de monde dans la rue. [거리에 사람이 너무 많다]

전치사 à와 de가 결합하여 두 요소 사이에 한계를 표현한다.

Ce magasin ouvre la porte de 9h à 17h.
[이 상점은 9시에서 17시까지 문을 연다]
Je vends cette chaise de 5euros à 10euros.
[나는 이 의자를 5유로에서 10유로 사이에서 팔거야]

3) Pour

a) 행선지 : [-를 향하여]

Ce train va **pour** Paris?
[이 기차는 파리행입니까?]

b) [예정]

– [시기]

Le concert est **pour** demain. [콘서트는 내일 예정이다]

– [기간]

Je vais à Paris pour deux semaines. [나는 2주 예정으로 파리에 가]

– [기회 : -을 맞이하여]

C'est un cadeau pour Noël. [이것은 크리스마스 선물이야]

c) [목적, 용도]

– [-을 위한]

C'est un film **pour** adulte. [이 영화는 어른용 영화다]
Il faut manger **pour** vivre. [살기 위해 먹어야 한다]
Beaucoup de jeunes hommes sont morts **pour** leur patrie.
[많은 젊은이들이 조국을 위해 죽었어]

d) [결과 : -하기에는]

Il est trop jeune **pour** faire ça. [이것을 하기에 그는 너무 어리다]

e) [원인] : -때문에

Cet enfant est puni **pour** sa paresse de son père.
[그 아이는 게을러서 아버지로부터 벌을 받았어]

f) [댓가, 교환] : -을 주고, -대신으로

J'ai acheté cette robe **pour** cent euros.
[나 이 치마 100유로 주고 샀어]

g) [대리 : -대신에]

Dis-bonjour à ta famille **pour** moi.
[나 대신 네 가족에게 안부 전해줘]

h) [비교 : -에 비해서는]

Il est intelligent **pour** son âge. [그는 나이에 비해 영리하다]

i) [자격] : -으로서, -으로

Il a pris Marie **pour** sa femme. [그는 마리를 아내로 삼았다]

j) [강조] : -로 말하자면, -로서는

Pour moi, je ne peux pas accepter vottre proposition.
[나로서는 당신의 제안을 받아들일 수가 없습니다]

2. 혼동하기 쉬운 부사들

1) aussi vs aussi

동사나 명사 또는 대명사 뒤에 위치하여 문장의 내부에서 단순한 첨가적 요소로서 기능한다. 이 때의 의미는 [-도 또한] 이다 :

Paul aime le tennis, mais il aime aussi le football.
[뽈은 테니스를 좋아하지만, 축구도 또한 좋아한다]
Moi, je suis étudiant, vous aussi? [나는 학생인데, 당신도 그래요?]

반면, 결과를 나타내는 경우 문장 맨 앞에 사용되며 의미는 [그래서] 이다. 이 때 문어체에서 동사와 주어대명사의 도치가 일어난다 :

Il adore la chanson ; aussi va-t-il souvent au concert.
[그는 노래를 아주 좋아해 ; 그래서 콘서트장에 자주 가]

2) aussi vs même

aussi는 [또한] 의 의미를 갖는 반면 même 는 강조의 의미로 [게다가, 심지어] 라는 뜻을 포함한다 :

J'aime la chanson, mais j'aime aussi la danse.
[나는 음악을 좋아하지만, 무용도 좋아한다]

Il parle l'anglais, l'italien et même le français.
[그는 영어, 이탈리아 그리고 심지어 프랑스어까지 말한다]

3) aussi vs si

si는 강조의 의미로 [정말로]라는 뜻을 포함하는 반면 aussi는 [또한]이라는 동등성을 나타낸다 :

Il est si méchant! [그는 정말 못됐어!]
Il est aussi méchant que son frère. [그는 그의 형만큼 못됐어]

4) aussi vs autant

둘다 동등성을 나타내지만 aussi는 뒤에 형용사가 오는 반면 autant 뒤에는 de+명사 또는 동사+autant의 형태가 된다 :

Il est aussi rapide que Paul. [그는 뽈만큼 빠르다]
Il a autant de voitures que moi.
[그는 나만큼 많은 차를 가지고 있다]
Il déteste autant l'anglais que le français.
[그는 프랑스어만큼이나 영어를 싫어한다]

정 답

	Le Cordon Bleu Paris		L'Académie Culinaire	
	Convient	Ne convient pas	Convient	Ne convient pas
Condition	X		X	
Niveau	X		X	
Logement	X			X
Excursion	X			X

Exercice 2

Lire pour s'informer

Lisez le texte ci-dessous, puis répondez aux questions, en cochant (☒) la bonne réponse, ou en écrivant l'information demandée.

> Zinédine Zidane présente des excuses mais se dit sans regrets
>
> Zinédine Zidane n'a pas complètement levé le mystère sur les raisons qui l'ont poussé à assener un violent coup de tête à Marco Materazzi, dimanche 9 juillet, à dix minutes du terme de la finale de la Coupe du monde et de sa carrière professionnelle.
>
> Interrogé, mercredi 12 juillet, sur Canal+ et TF1, le capitaine des Bleus a expliqué qu'il avait répondu à des insultes du défenseur italien proférées à l'encontre de sa mère et de sa soeur. "Il a dit des mots très durs, des mots plus durs que des gestes, des mots qui me touchaient au plus profond de moi et qui concernaient ma maman et ma soeur", a déclaré Zinédine Zidane, sans préciser la teneur exacte de ces insultes ni si elles étaient à caractère raciste ou islamophobe. (...)
>
> "J'aurais préféré me prendre une droite dans la gueule plutôt que d'entendre ça, a commenté Zinédine Zidane, mercredi soir. Je ne peux pas regretter mon geste car ce serait reconnaître qu'il avait raison de dire ce qu'il a dit." Le vice-champion du monde s'est en revanche excusé auprès "des enfants et des éducateurs" pour cet acte qui lui a valu de terminer sa carrière sur un carton rouge. "Mon geste n'est pas pardonnable, a insisté l'ancien no 10 des Bleus. Mais il faut sanctionner le vrai coupable. Car le coupable, c'est celui qui provoque."
>
> LE MONDE | 13.07.06 | 16h21

1. Ce scandale s'est passé dans le match de :
   - ☐ tennis
   - ☐ football
   - ☐ basketball

2. Citez :
   a) le nom qui indique l'équipe de football français

   ____

   b) les deux membres de la famille de Zidane qui ont été insultées par Marco Materazzi:

   ____

   c) les soupçons que Zidane n'a pas révélés par rapport à l'insulte :

   ____

   ____

3. Cochez la bonne réponse :
   1) C'est Zidane qui a donné un coup de tête à Marco Materazzi.
      - ☐ Vrai
      - ☐ Faux
      - ☐ On ne sait pas

   2) Zidane n'a pas terminé glorieusement sa carrière :
      - ☐ parce que l'arbitre lui a donné un carton rouge.
      - ☐ parce qu'il n'a pas marqué le but.
      - ☐ parce qu'il n'a pas participé à sa dernier match à cause de sa maladie.

   3) Zidane reconnaît sa mauvaise conduite pour les enfants mais :
      - ☐ il ne regrette pas son acte elle-même contre Marco Materazzi.
      - ☐ il pense que Marco Materazzi a raison.
      - ☐ il pense qu'il ne faut pas punir le coupable.

해 석

Zinédine Zidane présente des excuses mais se dit sans regrets

Zinédine Zidane n'a pas complètement levé le mystère sur les raisons qui l'ont poussé à assener un violent coup de tête à Marco Materazzi, dimanche 9 juillet, à dix minutes du terme de la finale de la Coupe du monde et de sa carrière professionnelle.
Interrogé, mercredi 12 juillet, sur Canal+ et TF1, le capitaine des Bleus a expliqué qu'il avait répondu à des insultes du défenseur italien proférées à l'encontre de sa mère et de sa soeur. "Il a dit des mots très durs, des mots plus durs que des gestes, des mots qui me touchaient au plus profond de moi et qui concernaient ma maman et ma soeur", a déclaré Zinédine Zidane, sans préciser la teneur exacte de ces insultes ni si elles étaient à caractère raciste ou islamophobe. (...)

"J'aurais préféré me prendre une droite dans la gueule plutôt que d'entendre ça, a commenté Zinédine Zidane, mercredi soir. Je ne peux pas regretter mon geste car ce serait reconnaître qu'il avait raison de dire ce qu'il a dit." Le vice-champion du monde s'est en revanche excusé auprès "des enfants et des éducateurs" pour cet acte qui lui a valu de terminer sa carrière sur un carton rouge. "Mon geste n'est pas pardonnable, a insisté l'ancien no 10 des Bleus. Mais il faut sanctionner le vrai coupable. Car le coupable, c'est celui qui provoque."

[지네딘 지단은 사과를 표명했지만 후회하지는 않는다고 말했다]

지네딘 지단은 7월 9일 월드컵과 자신의 프로 마지막 게임인 결승전 10분 경과한 후에 마르코 마테라치에게 강력한 머리박기를 하게 만든 이유들에 대한 의혹을 완전히 밝히지는 않았다. 7월 12일 수요일 Canal+와 TF1과의 인터뷰에서 프랑스 축구팀 주장인 그는 자신의 어머니와 누이에 대해 모욕을 한 이탈리아 수비수에게 응수했다고 답변했다. “그는 내게 가장 민감하게 와 닿았던 단어들과 행동들 중 가장 견디기 힘든 말들을 했는데 그것은 내 어머니와 누이에 관한 것이었다”라고 지네딘 지단은 이 모욕이 정확히 무엇인지 그리고 모욕이 인종차별적 또는 이슬람 학대적인 성격을 띠었었는지에 대한 내용을 구체적으로 밝히지 않은 채 말했다. (...)

나는 그것을 듣느니 차라리 얼굴에 오른 주먹을 날리고 싶었다고 수요일 저녁 지네딘 지단을 말했다. 나는 내 행동을 후회할 수 없는데 그 이유는 내가 후회한다면 그것은 그가 말했던 것이 옳다고 인정하는 것이기 때문이다". 반면에 월드컵 준우승자인 그는 이 행동으로 인해 적색카드를 받으면서 자신의 축구 인생을 마감하게 한 것에 대해 아이들과 교육자들에게 사과했다. "내 행동은 용서받을 수 없다고 프랑스 축구팀의 이전 백넘버 10번인 그는 강조했다. 그러나 진짜 죄인도 벌을 받아야 한다. 왜냐하면 진짜 죄인은 이런 결과를 초래하게 만든 사람이기 때문이다]

LE MONDE | 13.07.06 | 16h21

1. ne ... ni ... ni

1) 형용사와 함께

Il n'est ni jeune ni vieux.
[그는 젊지도 늙지도 않았다]
Elle est ni maigre ni grosse.
[그녀는 마르지도 살이 찌지도 않았다]

2) 부사와 함께

Il ne parle ni beaucoup ni peu.
[그는 말을 많이도 적게도 하지 않는다]

3) 명사와 함께

Elle n'a ni frère ni sœur.
[그녀는 남동생도 여동생도 없다]
–부정관사 또는 부분관사는 생략될 수 있다.
Je n'ai ni stlyo ni crayon.
[나는 만년필도 연필도 없다]
–그러나 정관사는 사라지지 않는다는 점에 유의해야 한다.
Je n'aime ni le football ni le tennis.
[나는 축구도 테니스도 좋아하지 않는다]

2. 부정법 (l'infinitif)

1) 명사의 기능

- 주 어

  Dormir n'est pas vivre. [자는 것은 사는 것이 아니다]

- 속 사

  Souffler n'est pas jouer. [숨을 쉬는 것은 장난이 아니다]

- 직접목적어

  J'aime lire. [나는 읽는 것을 좋아한다]

- 간접목적어

  On l'oblige à chanter. [사람들은 그에게 노래할 것을 강요한다]

- 상황보어

  Il travaille sans dormir. [그는 잠도 자지 않고 일을 한다]

- 형용사의 보어

  Il est possible de partir plus tôt. [더 일찍 떠날 수도 있어]

2) 동사에 영향을 받는 경우

- 감정을 나타내는 동사

  J'entends le chien aboyer. [나는 개가 듣는 소리를 듣는다]

  Je les vois sortir. [나는 그들이 외출하는 것을 본다]

주어를 부정법 동사 뒤에 위치시킬 수도 있다.

  J'entends aboyer le chien.

그러나 부정법형태의 동사가 타동사인 경우는 주어가 항상 앞에 온다.

  J'ai entendu Pierre appeler. [나는 삐에르가 부르는 것을 듣는다]

- faire, laisser 동사 뒤

  Je fais entrer les enfants. [나는 아이들을 들어오게 한다]

정 답

1. Ce scandale s'est passé dans le match de :

[이 스켄들은 ______경기에서 일어났다]

☐ tennis

☒ football

☐ basketball

2. Citez :

a) le nom qui indique l'équipe de football français
[프랑스 축구팀을 나타내는 명사]
les Bleus

b) les deux membres de la famille de Zidane qui ont été insultées par Marco Materazzi:
[마르코 마네라치에게 모욕을 당했던 지단 가족의 두 사람]
La mère et la soeur de Zidane.

c) les soupçons que Zidane n'a pas révélés par rapport à l'insulte :
[모욕과 관련하여 지단이 밝히지 않았던 의혹들]
Si les mots étaient à caractère raciste ou islamophobe

3. Cochez la bonne réponse :

1) C'est Zidane qui a donné un coup de tête à Marco Materazzi.
[마르코 마테라치를 머리로 받은 사람은 지단이다]
☒ Vrai ☐ Faux ☐ On ne sait pas

2) Zidane n'a pas terminé glorieusement sa carrière :
[지단은 자신의 경력을 영광스럽게 마감하지 못했는데]
☒ parce que l'arbitre lui a donné un carton rouge.
[왜냐하면 심판이 그에게 적색카드를 주었기 때문이다]
☐ parce qu'il n'a pas marqué le but.
[왜냐하면 그는 골을 못 넣기 때문이다]
☐ parce qu'il n'a pas participé à sa dernier match à cause de sa maladie.
[왜냐하면 병 때문에 마지막 시험에 출전하지 못했기 때문이다]

3) Zidane reconnaît sa mauvaise conduite pour les enfants mais :
[지단은 아이들을 위해 자신의 잘못된 행동을 인식하고 있지만
☒ il ne regrette pas son acte elle-même contre Marco Materazzi.
[그는 마르코 마테라치에 대한 그의 행동 자체를 후회하지는 않는다]
☐ il pense que Marco Materazzi a raison.
[그는 마르코 마테라치가 옳다고 생각한다]
☐ il pense qu'il ne faut pas punir le coupable.
[그는 범인은 벌을 받으면 안된다고 생각한다]

Partie 3

Production Ecrite

◆ Essai

À votre avis, quels ont été le ou les changements les plus importants des vingt dernierès années dans votre pays? Quels sont ceux qui ont été positifs ou ceux qui ont été négatifs selon vous? Vous écrivez un texte construit et cochant sur ce sujet. (160-180 mots)

해석

Je pense que c'est la relation entre la Corée du nord et la Corée du Sud qui ont été l'un des changements les plus importants des vingt dernières années dans mon pays. Après la guerre civile en 1950, il n'y avait aucun contact officiel entre les deux pays. Mais, dans ces dernières années, il y a beaucoup de changements entre ces deux pays. Tout d'abord, la Corée du Nord a autorisé la visite de KUMGANHGSAN aux gens de la Corée du Sud. Puis, les deux gouvernements se sont mis d'accord sur les rencontres des gens qui se sont séparés après la guerre civile. Toutes ces activités peuvent avoir un bon résultat pour les deux gouvernements à l'avenir dans le domaine de l'économie, de la politique et de la culture. Pourtant, il faut admettre qu'il reste encore beaucoup de problèmes à résoudre; comment peut-on surmonter la différence idéologique entre les deux pays? Je pense qu'il ne faut pas se précipiter pour otenir l'unification et on a besoin du temps pour résoudre tous les problèmes.

[나는 내 나라에서 최근 20년 동안에 가장 중요한 변화들 중에 하나가 남한과 북한사이의 관계라고 생각한다. 1950년에 내전 이후, 두 나라 사이에는 어떠한 공식적인 접촉도 없었다. 그러나 최근에 이 두 나라 사이에는 많은 변화가 있다. 무엇보다도 먼저 북한은 남한 사람들에게 금강산 관광을 허용하였다. 그리고 두 정부는 내전 이후 헤어졌던 사람들의 만남에 대해 의견을 같이 하였다. 이 모든 행동들은 경제, 정치 그리고 문화 영역에서 미래에 두 정부에게 좋은 결과를 가져올 수 있을 것이다. 그러나 아직도 해결해야 할 많은 문제가 있다 ; 두 국가 사이에 이념적 차이를 어떻게 극복할 것인가? 나는 단일화를 얻기 위해 너무 급하게 서둘러서는 안되며 모든 문제를 해결하기 위해서는 시간이 필요하다고 생각한다]

주요사항

1. aucun

1) 부정형용사

<제로>의 양을 나타내며 ne, ne .. plus, ne .. jamais 또는 전치사 sans이 선행한다.

Je n'ai aucune confiance en lui. [나는 전혀 그를 신뢰하지 않는다]

2) 부정대명사

ne와 함께 부정(négation)의 의미로 사용되며 사람과 사물을 나타낸다.

Parmi ces livres, aucun ne me plaît.
[이 책들 중에서 하나도 내 마음에 들지 않는다]
Pas un n'est venu. [어떤 사람도 오지 않았다]

2. très vs trop

très는 형용사 또는 부사를 동반하며 강조의 뜻을 나타내는 반면, trop는 형용사, 부사 또는 동사와 함께 쓰이면서 [과도, 지나침]의 뜻을 나타낸다 :

Je suis très heureux de vous rencontrer.
[당신을 만나뵙게 되어 매우 기쁩니다]
Il fume trop.
[그는 담배를 너무 많이 핀다]

Partie 4

Production Orale

◆ Consignes

Cette épreuve d'expression orale comportera 3 parties qui s'enchaîneront, et durera entre 10 et 15 minutes. Pour la 3e partie seule, le candidat dispose de 10 minutes de préparation. Cette préparation a lieu avant le déroulement de l'ensemble de l'épreuve.

Exercice 1 – Entretien informel

Présentation générale (2 à 3 minutes)
Parler de soi, de ses activités, de ses centres activités. Parler de son passé, de son présent et de ses projets. Cette épreuve permettera aussi de mettre le candidat à l'aise en parlant de lui. Elle se déroule en interaction sur le mode d'un entretien informel entre le candidat et l'examinateur qui amorcera le dialogue par une question du type :

L'examinateur
Qu'est-ce que vous êtes en train d'étudier et qu'est-ce que vous voulez faire à l'avenir?

Candidat :

해석

Candidat : Je suis étudiant(e) de l'université XX. J'ai étudié le français au lycée et je me suis inscrit(e) au département du français à l'université. J'apprends la grammaire et la conversation française, y compris la littérature française. Moi, je m'intéresse surtout à la cuisine française et je voudrais aller en France après avoir terminé mes études pour apprendre à cuisiner au Cordon Bleu à Paris. Mon père m'encourage beaucoup et il m'aide parce qu'il travaille dans un restaurant très chic en tant que cuisiner, et qu'il connaît bien ce métier.

[나는 XX대학교 학생입니다. 나는 고등학교에서 프랑스어를 공부했고 대학에서 프랑스학과에 등록했습니다. 나는 프랑스 문법과 회화를 배우며 프랑스 문학도 배웁니다. 특히 나는 프랑스 요리에 관심이 있어서 공부를 마치고 난 후에 파리에 있는 꼬르동 블루에서 요리하는 것을 배우기 위해 프랑스에 가고 싶습니다. 내 아버지는 나에게 많은 격려를 해주고 도와주시는데 왜냐하면 그는 요리사로서 아주 좋은 식당에서 근무하시고 이 직업을 잘 아시기 때문입니다.]

주요사항

1. 직업을 나타내는 명사

직업, 교통수단	직장, 장소
professeur [선생님], étudiant [학생] lycéen(ne) [고등학생]	école [학교], université [대학교] lycée [고등학교]
garçon [종업원]	restaurant [식당], le café [카페]
médecin [의사]	hôpital [병원]
vendeur(se) [판매원]	magasin [상점]
acteur [배우]	cinéma [영화관]
train [기차]	gare [기차역]
avion [비행기]	aéroport [공항]
métro [지하철]	station [지하철 역]
bus [버스]	arrêt [정류장]

Exercice 2 – Exercice en interaction

Au choix par tirage au sort :

Sujet n°2 (3 à 4 minutes)

Faire face à une situation inhabituelle.

Vous souhaitez organiser un dîner d'adieu pour MinSou, un ami coréen qui retourne son pays pour faire son service militaire. Vous en discutez avec votre amie. Mais vous n'êtes pas d'accord sur le lieu, la date, ni sur le choix des invités. L'examinateur jour le rôle de votre ami.

해 석

Sujet n°2 (3 à 4 minutes)

Vous souhaitez organiser un dîner d'adieu pour MinSou, un ami coréen qui retourne son pays pour faire son service militaire. Vous en discutez avec votre amie. Mais vous n'êtes pas d'accord sur le lieu, la date, ni sur le choix des invités. L'examinateur jour un rôle de votre ami.

[당신은 군복무를 하기 위해 자신의 나라로 돌아가는 한국 친구인 민수를 위해 작별 저녁식사를 꾸밀려고 합니다. 당신의 친구와 이것에 대해 논의합니다. 그러나 당신은 장소, 날짜, 초대손님들의 선택에 대해서도 의견을 달리합니다. 감독관이 당신 친구역 할을 할 것입니다]

- Xavier! Tu sais la nouvelle de MinSou?
- Oui, j'ai entendu parler de lui. Il va rentrer dans son pays, c'est ça?
- Oui.
- Mais je ne le comprends pas. Il n'a pas encore terminer ses études.
- Ah, il doit faire son service militaire en Corée.
- Est-ce que c'est obligatoire?
- Oui. Les garçons coréens n'ont pas le choix.
- Pendant combien de temps doit-on faire son service militaire?
- Deux ans.
- Quoi? C'est trop long!
- Tu as raison. En tout cas, j'ai l'intention d'organiser un dîner d'adieu avec mes amis au restaurant coréen ce samedi.
- Ah non! J'ai un rendez-vous prévu ce samedi. Tu aurais dû me demander mon avis avant de fixer la date.
- Je le sais, mais MinSou doit partir la semaine prochaine. Alors. on n'a pas le temps. Et Paul était d'accord avec moi.
- Tu as aussi invité Paul? Tu sais très bien que je le déteste!
- Écoute! Ce n'est pas pour toi qu'on organise le dîner d'adieu. Paul est l'un des amis de MinSou.

– D'ailleurs, le lieu de dîner ne me plaît pas. MinSou aura beaucoup l'occasion de manger le repas coréen quand il rentre chez lui. Il vaut mieux de décider le restaurant où il peut goûter la cuisine française.
– Mais il n'aime pas la cuisine française comme fromage ou foie gras.

– 자비에! 너 민수의 소식을 아니?
– 응, 그에 대해 말하는 것을 들었어. 자기 나라로 돌아간다며?
– 응
– 근데 나는 그를 이해를 못하겠어. 그는 아직 공부가 끝나지 않았잖아.
– 아, 그는 한국에서 군복무를 해야 해.
– 그게 의무적인 것이니?
– 응. 남자들은 선택의 여지가 없어.
– 군복무를 얼마나 해야 하는데?
– 2년
– 뭐라구? 너무 길구나!
– 네가 옳아. 어쨌든 이번 주 토요일 한국 식당에서 내 친구들과 작별 저녁식사를 벌릴 생각이야.
– 안돼! 이번 주 토요일에 나 선약이 있다구. 날짜를 정하기 전에 내 의견을 물어봤어야지.
– 나도 알지만 민수가 다음 주에 떠나거든. 그래서 시간이 없어. 그리고 뽈은 내 의견에 동의했구.
– 너 뽈도 초대를 했니? 내가 그를 아주 싫어한다는거 너 잘 알잖아?
– 이것 봐! 우리가 작별 식사를 준비하는 것은 너를 위해서가 아니야. 뽈은 민수의 친구들 중 한 명이야.
– 게다가, 식사 장소가 마음에 안들어. 민수는 자기 나라로 돌아가면 한국 음식을 먹을 기회가 많을 거잖아. 그가 프랑스 음식을 맛볼 수 있는 식당을 정하는 것이 낫겠어.
– 그렇지만 치즈나 거위 간처럼 그는 프랑스 음식을 좋아하지 않아.

주요사항

1. 감탄문 (la phrase exclamative)

감탄문이란 놀라움, 찬양, 기쁨, 분노 등의 감정을 표현하는 문장이다.

1) 형용사

의문형용사와 같은 형태로서 동사는 흔히 나타나지 않는다.

Quelle belle femme! [정말 아름다운 여인이군!]

Quel joli cadeau! [정말 예쁜 선물이군!

2) 부 사

- Que : Qu'il est beau! [그는 정말 잘 생겼어!]
- Ce que : Ce que tu es beau! [너는 정말 잘 생겼구나!]
- Comme : Comme elle est belle! [그녀는 정말 아름답군!]
- Combien : Combien je regrette de ne pas venir plus tôt! [내가 조금 더 일찍 오지 못한 것이 얼마나 후회되는지!]
- si+형용사, 부사 : Il est si grand! [그는 얼마나 키가 큰지!]
- tellement+형용사, 부사 : Il fait tellement froid aujourd'hui! [오늘 정말 춥군!]

2. devoir

Je	dois	Nous	devons
Tu	dois	Vous	devez
Il, Elle	doit	Ils, Elles	doivent

a) 의무 (l'obligation : [해야 한다])

Je dois terminer ce travail avant midi.

[나는 이 일을 정오전에 끝내야 한다]

b) 강한 가능성

Paul n'est pas venu à l'école, il doit être malade.

[뽈이 학교에 오지 않은 걸 보니, 아픈 것임에 틀림없어]

Elle a réussi à passer son examen, elle a dû travailler beaucop.
[그녀가 시험에 합격한 것을 보면 열심히 공부한 것임에 틀림없어]

devoir는 과거나 현재시제에만 가능하며 미래의 강한 가능성을 표현하기 위해서는 조건법을 사용해야 한다 :

Il fait froid et le ciel est tout noir. Il devrait neiger demain.
[날씨가 춥고 하늘이 시꺼먼 것을 보니 내일 눈이 올게 틀림없어]

Exercice 3

Sujet No 1 Préparation : 10 minutes

Objectifs :

- Identifier un sujet de discussion à partir d'un texte déclencheur.
- Donner son opinion et en débattre avec l'examinateur.

Consigne

Vous dégagerez le thème soulevé par le document ci-dessous. Et vous présenterez votre opinion sous la forme d'un petit exposé de 3 minutes environ. L'examinateur pourra vous poser quelques questions.

Restrictions d'eau et vigilance face à la sécheresse en France

Depuis le début de l'été, 65 départements ont pris des arrêtés de limitation des prélèvements d'eau qui vont de l'interdiction d'arroser les pelouses, de laver les voitures, de remplir les piscines ou encore d'irriguer les cultures.

Les pluies d'août ont été abondantes dans le nord, le nord-est et le centre-est de la France, selon le ministère. Elles sont restées modérées sur le reste du pays, voire relativement faibles sur la façade Atlantique et le pourtour méditerranéen.

"Il est nécessaire de poursuivre dans tous les domaines une gestion rigoureuse de la ressource en eau, la plus économe possible, afin d'utiliser au mieux les réserves encore disponibles en prévision d'un éventuel automne sec", souligne Nelly Olin dans le communiqué.

Yahoo actualité, mercredi 23 aout 2006, 16h54

해석

Restrictions d'eau et vigilance face à la sécheresse en France

Depuis le début de l'été, 65 départements ont pris des arrêtés de limitation des prélèvements d'eau qui vont de l'interdiction d'arroser les pelouses, de laver les voitures, de remplir les piscines.

Les pluies d'août ont été abondantes dans le nord, le nord-est et le centre-est de la France, selon le ministère. Elles sont restées modérées sur le reste du pays, voire relativement faibles sur la façade Atlantique et le pourtour méditerranéen.

"Il est nécessaire de poursuivre dans tous les domaines une gestion rigoureuse de la ressource en eau, la plus économe possible, afin d'utiliser au mieux les réserves encore disponibles en prévision d'un éventuel automne sec", souligne Nelly Olin dans le communiqué.

[프랑스에서의 가뭄에 대처하여 물의 제한과 경계

여름 초부터 65개의 도는 잔디밭에 물을 뿌리는 것, 자동차를 세차하는 것, 수영장의 물을 채우는 것을 금지하는 물 사용에 대한 제한 법령을 발표하였다.

정부에 따르면 8월에 비가 프랑스 북쪽, 북-동쪽 그리고 중-동쪽에 충분히 내렸다. 그러나 프랑스 나머지 지방의 경우 비가 충분히 오지 않았으며 특히 대서양, 지중해 연안에 경우 부족하게 내렸다.

"있을 지도 모르는 가을 건조기를 대비하여 저장되어 있는 물을 최대한 잘 사용할 수 있도록 하기 위해 가능한 한 가장 경제적인 방법으로 물의 사용에 대한 엄격한 관리가 모든 지역에서 이루어져야 져야 할 것이다"라고 성명에서 넬리 올렌은 강조했다]

Yahoo actualité, mercredi 23 aout 2006, 16h54

A : Il est vrai qu'on ait ignoré de l'importance de l'eau. On croyait qu'on pouvait trouver facilement l'eau partout si on veut. Mais, depuis la pollution grave de l'environnement et le phénomène métérologique, beaucoup de pays souffrent de l'eau. Il faut admettre qus tous les problèmes de l'eau proviennent de la faute de l'être humain. On a détruit la nature pour l'intérêt propre de l'être humain sans penser de l'avenir. Maintenant, on n'a pas le choix pour survivre et on doit trouver une solution le plus vite possible. En ce qui concerne l'eau, il est important d'abandonner l'idée égoïste. Certains pensent qu'ils ont le droit d'utiliser de l'eau comme ils veulent parce qu'ils paient des impôts sur l'utilisation de l'eau. Le problème de l'eau concerne directement avec la vie de l'être humain. Donc, il ne faut pas penser à l'intérêt de soi-même.

[우리가 물의 중요성에 대해 신경 쓰지 않은 것이 사실이다. 사람들은 원하기만 하면 쉽게 물을 구할 수 있을 것이라고 믿었다. 하지만 환경의 심각한 오염과 기상 현상 이후, 많은 국가들이 물 때문에 고통을 받고 있다. 물에 대한 모든 문제가 인류의 잘못으로 야기되었다는 것을 인정해야 한다. 인간은 미래에 대해 생각하지 않고 인류의 이익만을 위해 자연을 파괴했다. 지금 우리는 생존하기 위해 선택의 여지가 없으며 가능한 한 빨리 해결책을 찾아야 한다. 물의 경우, 이기적인 생각을 버리는 것이 중요하다. 어떤 사람들은 물 사용에 대한 세금을 내기 때문에 원하는 만큼 물을 사용할 권리가 있다고 생각한다. 물의 문제는 인류의 생명과 직접적으로 관련된다. 그러므로 자기 자신의 이익만을 생각해서는 안된다.

Q : Est-ce qu'il y a des problèmes de l'eau chez vous?
[당신 나라에도 물에 대한 문제들이 있습니까?]

A : Mais oui. Autrefois, on n'avait aucun problème de l'eau dans mon pays. D'ailleurs, l'eau était très propre pour boire de l'eau qui se coulait dans la montagne.
Mais maintenant, tout est changé et beaucoup de gens achètent de l'eau au supermarché malgrè que le gouvernement insiste sur le fait que l'eau de robinet est très propre.
[물론이죠. 옛날에 우리나라에는 물에 대한 어떠한 문제도 없었습니다. 게다가, 물이 매우 깨끗해서 산에 있는 물을 마실 정도였습니다. 그러나 지금은 모든 것이 변했고 많은 사람들이 비록 정부에서 수돗물이 매우 깨끗하다는 사실을 주장함에도 불구하고 수퍼마켓에서 물을 사먹습니다.]

Q : Beaucoup de pays interdisent aux gens de laver les voitures chez eux pendant la période de la sécheress. Et votre pays?
[많는 나라들이 건조기동안 사람들에게 집에서 자동차를 세차하는 것을 금하고 있습니다. 당신 나라는요?]

A : Malheureusement non. On peut voir facilement des gens qui sont en train de laver leurs voitures chez eux. D'ailleurs, ils ne pensent pas que les produits servies à laver des voitures sont l'une des causes principales de la pollution de l'environnement. Je pense que le gouvernement doit prendre des arrêtés de limitation des prélèvements d'eau.
[불행히도 아니오. 우린 자기 집에서 자동차를 세척하고 있는 사람들을 쉽게 볼 수 있습니다. 게다가 이들은 자동차를 세차하는데 사용되는 제품들이 환경오염의 주된 요인들 중에 하나라는 것을 생각하지 않습니다. 나는 정부가 물 사용 제한에 대한 법령을 만들어야 한다고 생각합니다]

4

네 번째 부분

1. 듣기 평가

Document 1 : 월드컵에 관한 두 친구 간의 대화체 문장
Document 2 : 루브르 박물관의 특별 전시회에 관한 방송
Document 3 : 크리스카스 휴가 때 아이들을 위한 프로그램 소개 방송

2. 독해 평가

Exercice 1 : 보석세공학교에 관련된 내용
Exercice 2 : 오스트리아에서 8년전 실종되었던 아이와 관련된 기사 내용

3. 작문 평가

최근 한국에서 가장 변화한 사항에 대한 작문 (환경오염)

4. 말하기 평가

Exercice 1 : 여가시간의 활용에 관한 내용
Exercice 2 : 뜻하지 않은 상황에 접했을 때의 대화 (주차 문제)
Exercice 3 : 특별한 주제에 관련된 기사를 읽고 자신의 의견을 요약 발표하는 동 시에 이와 관련된 내용의 질의응답 (화재 사고에 관한 문제)

Partie 1

Compréhension de l'oral

◆ Consignes

Vous allez entendre trois documents sonores, correspondant à des situations différentes. Pour premier et le deuxième document, vous aurez :

- 30 secondes pour lire des questions ;
- une première écoute, puis 30 secondes de pause pour commencer à répondre aux questions ;
- une deuxième écoute, puis 1 minute de pause pour compléter vos réponses.

Répondez aux questions, en cochant (☒) la bonne réponse, ou en écrivant l'information demandée.

◆ Conversation

Document 1

1. La Coupe du Monde dont il parle concerne avec :
   ☐ le football. ☐ Le tennis. ☐ le golf.

2. Quelle équipe a battu contre l'équipe française?
   ☐ l'équipe brésilienne
   ☐ l'équipe allemande
   ☐ l'équipe coréenne

3. Zidane :
   ☐ a bien joué. ☐ a fait son mieux. ☐ n'a pas bien joué.

4. PARK Ji Sung a marqué ___ buts :
   ☐ 1 ☐ 2 ☐ 3

5. La Coupe du Monde a eu lieu ________ en 2002 :
   ☐ en France ☐ en Chine ☐ en Corée

6. Ils pensent tous les deux que l'équipe coréenne va être champion du Coupe du monde :

☐ Vrai. ☐ Faux. ☐ On ne sait pas.

해석

– Jean! Tu as regardé le match de la Coupe du Monde hier soir?
[장! 너 어제 저녁 월드컵 경기를 보았니?]
– Ah oui. C'était génial. [응. 끝내 줬어]
– Qui a gagné? L'équipe française ou l'équipe coréenne?
[누가 이겼니? 프랑스팀이야 아니면 한국팀이야?]
– Il y a eu un match nul. [무승부였어]
– Comment? C'est presque un miracle! [뭐라구? 거의 기적이구나!]
– Pas vraiment. L'équipe française était nulle. Surtout, Zidane qui n'a rien fait pour son équipe.
[꼭 그렇지는 않아. 프랑스 팀이 형편없었어. 특히 지단은 팀을 위해 한 게 아무것도 없어]
– Qui a marqué le but dans l'équipe coréenne? [한국팀에서 누가 골을 넣니?]
– C'est PARK Ji Sung qui a marqué. [한 골을 넣은 것은 박지성이야]
– C'était le quart de final? ou la demi-final?
[8강이었어? 아니면 준결승이었어?]
– Le quart de final. [8강이었어]
– Il reste combien d'équipes? [몇 팀이 남은 거지?]
– Quatre. : L'allemagne, le Brésil, l'Italie et la Corée.
[4팀 : 독일, 브라질, 이탈리아 그리고 한국팀을 포함해서]
– À ton avis, qui va devenir champion de la Coupe du Monde en 2002?
[네 생각에 2002년 월드컵 우승자는 누가 될 것 같니?]
– Je ne sais pas encore. Personnellement, je pense que l'équipe coréenne qui va être champion, mais ...
[아직 모르겠어. 개인적으로는 한국팀이 우승자가 되었으면 좋겠지만...]
– Je pense que ce sera un peu difficile parce que les autres équipes sont trés fortes, non?
[내 생각에는 약간 어려울 것 같은게 나머지 팀들이 너무 강해, 안 그래?]
– Tu as raison, mais il y a toujours des exceptions dans le football.
[네가 옳아, 하지만 축구경기에는 항상 예외가 있으니까]

– On verra. Je pense que l'équipe coréenne a trop bien joué parce que la Coupe du Monde a eu lieu en Corée.
[두고 봐야지. 내 생각에는 한국팀이 그렇게 아주 잘 한 것은 한국에서 월드컵이 개최되었기 때문인 것 같아]

주요사항

1. ne – pas encore

ne – pas encore는 부정의 ne ... pas와 시간의 부사 encore가 결합한 것으로 어떤 행위가 곧 발생할 것을 의미한다.

1) déjà의 부정

Il est déjà rentré? [그는 벌써 귀가했니?]
Non, il n'est pas encore rentré, mais il va bientôt rentrer.
[아니, 아직 귀가 안했지만 곧 귀가할거야]

2) 홀로 쓰여 질문에 대한 답변

Tu as terminé le travail? Non, pas encore.
[너 일을 끝맞쳤니?] [아니, 아직]

* ne – pas encore의 위치
– 단순형태 : ne+동사+pas encore
Le magasin est ouvert? Non, il n'est pas encore ouvert.
[상점이 열었니?] [아니, 아직 안 열었어]
– 복합형태 : ne+조동사+pas encore+과거분사
Je n'ai pas encore téléphoné à ma mère.
[나는 어머니께 아직 전화를 드리지 않았다]

2. ne – guère

1) 동사와 함께 pas beaucoup, pas souvent의 의미를 나타낸다.

Il n'écoute guère la radio.
[그는 거의 라디오를 듣지 않는다]

2) 형용사와 함께 pas très의 의미를 나타낸다.

Elle n'est guère contente de ce résultat.
[그녀는 이 결과에 대해 거의 만족하지 않는다]

3) 명사와 함께 pas beaucoup de의 의미를 나타낸다.

Je n'ai guère de temps à travailler.
[나는 일할 시간이 거의 없어]

4) ne – guère의 위치

– 단순형태 : ne+동사+guère

Je ne bois guère. [나는 술을 거의 마시지 않는다]

– 복합형태 : ne+조동사+guère+과거분사

Il n'a guère dormi toute la nuit.
[그는 밤새 잠을 거의 안 잤다]

3. non

non은 oui 또는 si에 반대되는 개념으로서 부정절 전체를 대체한다. 또한, non은 전체의 문에 대한 부정적 답변이다.

Tu pars demain?	Non. [=je ne pars pas demain]
[너 내일 떠나니?]	[아니 [=내일 떠나지 않아]
Il cherche encore du travail?	J'espère que non.
[그는 아직도 일자리를 찾고 있니?]	[=J'espère qu'il a trouvé un travail]

* 대립에서 non 또는 pas를 사용할 수 있는데, 형용사, 부사, 대명사 앞에는 pas를 쓰는 경향이 있다 :

Il adore le football, mais moi non.
[그는 축구를 아주 좋아하지만 나는 아니야]

Tu veux boire quelque chose?	Non, pas maintenant. Je n'ai pas soif.
[뭐 좀 마실래?]	[아니, 지금은 싫어. 목이 마르지 않아]
On va voir un film ce soir?	Non, pas ce soir. J'ai rendez-vous.
[오늘 저녁에 영화보러 갈까?]	[아니, 오늘 저녁은 안돼. 약속이 있어]

* non– plus : aussi 의 부정이다.

J'aime le football, Et toi? Moi aussi.

Je n'aime pas le football. Et toi? Moi non plus.
[나는 축구를 좋아하지 않아. 너는?] [나도 마찬가지야]

정 답

1. La Coupe du Monde concerne avec :
[그가 말하고 있는 월드컵은 _____과 관계있다]
☒ le football. [축구]
☐ Le tennis. [테니스]
☐ le golf. [골프]

2. Quelle équipe a battu contre l'équipe française?
[어느 팀이 프랑스 팀과 싸웠는가?]
☐ l'équipe brésilienne
☐ l'équipe allemande
☒ l'équipe coréenne

3. Zidane : [지단은 _____]
☐ bien joué. [잘 했다]
☐ a fait son mieux. [최선을 다했다]
☒ n'a pas bien joué. [잘 하지 못했다]

4. PARK Ji Sung a marqué ___ buts : [박주성은 _____골을 넣었다]
☒ 1 ☐ 2 ☐ 3

5. La Coupe du Monde a eu lieu ________ en 2002 :
[월드컵은 2002년에 ______에서 열렸다]
☐ en France ☐ en Chine ☒ en Corée

6. Ils pensent tous les deux que l'équipe coréenne va être champion du Coupe du monde : [그들은 둘 다 한국 팀이 월드컵 우승을 할 것이라고 생각한다]
☐ Vrai. ☒ Faux. ☐ On ne sait pas.

◆ Emissions de radio et enregistrements

Document 2

1. Il s'agit :
   - ☐ d'une exposition exceptionnelle des tableaux.
   - ☐ d'une exposition exceptionnelle des voitures.
   - ☐ d'une exposition exceptionnelle des livres.

2. Qu'est-ce qu'on peut savoir en visitant cette exposition?

   ____

3. On peut visiter cette exposition mardi :
   - ☐ Vrai
   - ☐ Faux
   - ☐ On ne sait pas

4. Quel jour peut-on visiter gratuitement cette exposition?
   - ☐ Mardi
   - ☐ Samedi
   - ☐ Dimanche

5. Selon le contexte, quel est le métier de Mike Kelley?
   - ☐ Professeur
   - ☐ Peintre
   - ☐ Journaliste

해 석

Pour la première fois, et jusqu'au 18 septembre, le Musée du Louvre consacre une exposition aux artistes américains.

Une trentaine d'œuvres majeures de la peinture américaine montre combien le Louvre a été une source d'inspiration pour des générations d'artistes, de Benjamin West à Edward Hopper.

Une création contemporaine de l'artiste américain Mike Kelley et une programmation à l'auditorium du Louvre accompagnent cette exposition.

Ouvert tous les jours de 9h à 18h, sauf le mardi et les jours fériés suivants : le 1er janvier, le 1er mai, le 15 août et le 25 décembre 2006.

Nocturnes jusqu'à 21h45 les mercredi et vendredi.

Le musée du Louvre est gratuit le premier dimanche de chaque mois.

[처음으로 9월 18일까지 루브르 미술관은 미국 예술가들의 작품들로만 전시회를 갖는다. 미국 화가들의 30여점의 대표 작품들은 루브르가 벤자민 웨스트에서 이드워드 후퍼에 이르기까지 예술가들의 세대에 얼마나 많은 영감을 주는 근원이었는지를 보여준다.

미국 화가인 마이크 켈리의 현대 작품과 루브르 미술관 시청각실에서 행해지는 프로그램들이 이 전시회와 함께 있을 예정이다.

매일 9시에서 18시까지 열리는데 매주 화요일과 다음의 공휴일은 제외다 : 2006년 1월 1일, 5월 1일, 8월 15일 그리고 12월 25일 밤 9시 45분까지 매주 수요일과 금요일에 야간 개장한다.

루브르 미술관은 매 달 첫 번째 일요일에 무료이다]

France-Infos, Les artistes américains et le Louvre, 28 août, 2006

주요사항

1. 집단적인 수

1) 특정한 기수에다가 -aine를 첨가하여 형성한다 : douze – douzaine

모든 수가 다 집단의 수로 사용되지는 못한다.

huit – huitaine dix – dizaine (* dixaine) quinze– quinzaine
vingt – une vingtaine trente – une trentaine quarante – quarantaine
cinquante – cinquantaine soixante – soixantaine
cent – centaine mille – millier

une vingtaine, une ciquantaine <> * deux vingtaine, deux cinquantaine
une centaine, des centaines, quelques centaines, plusieurs centaines
un millier, des milliers, quelques milliers, plusieurs milliers
<> * deux centaines, deux milliers

douzaine는 예외다 : deux douzaines d'œufs, cinq douzaines d'huîtres

2) de+명사가 뒤따른다 :

Dans ce cours, il n'y a qu'une trentaine d'inscrits pour le moment mais on attend une centaines d'étudiants.
[이 수업에는 현재로는 30여명의 등록자만 있지만 백여명의 학생을 기대한다]
Il y a quelques centaines d'années, beaucoup de tigres vivaient dans la montagne. [수백년 전에, 많은 호랑이들이 산에 살고 있었다]

3) [대략적인 숫자]를 나타낸다.

Une douzaines étudiants sont inscrits dans ce cours.
[대략 10명 정도의 학생들이 이 강의에 등록했다]
Cet éléphant pèse une centaine de kilos.
[이 코끼리는 대략 백 킬로 정도 무게가 나간다]

달걀을 구입하는 경우 une douzaine d'œufs는 정확히 12개의 달걀을 의미한다.

2. 명사의 성

-eur 로 끝나는 경우 여성형에 -euse의 어미는 몇 가지 예외적인 것들이 있다.

- mineur [미성년자] – mineure
  pécheur [죄인] – pécheresse
- 사법용어들 : le defendeur [변호인] – défendresse
  le demandeur [신청인] – demanderesse
- 종교적 집단 : le supérieur [수도원장] – supérieure

정 답

1. Il s'agit : [-관한 것이다]

   ☒ d'une exposition exceptionnelle des tableaux. [그림에 대한 특별 전시회]
   ☐ d'une exposition exceptionnelle des voitures. [자동차 특별 전시회]
   ☐ d'une exposition exceptionnelle des livres. [서적 특별 전시회]

2. Qu'est-ce qu'on peut savoir en visitant cette exposition?
   [이 전시회를 방문함으로써 알 수 있는 것은 무엇인가?]
   On peut savoir combien le Louvre a été une source d'inspiration pour des générations d'artistes, de Benjamin West à Edward Hopper.

3. On peut visiter cette exposition mardi :
   [우린 이 전시회를 화요일날 방문할 수 있다]
   ☐ Vrai ☒ Faux ☐ On ne sait pas

4. Quel jour peut-on visiter gratuitement cette exposition?
   [이 전시회를 무료로 관람할 수 있는 요일은?]
   ☐ Mardi ☐ Samedi ☒ Dimanche

5. Selon le contexte, quel est le métier de Mike Kelley?
   [글에 따르면 마이크 켈리의 직업은 무엇인가?]
   ☐ Professeur ☒ Peintre ☐ Journaliste

Document 3

Vous allez entendre un document sonore. Vous aurez tout d'abord 1 minute pour lire les questions, puis vous entendrez deux fois l'enregistrement avec une pause de 3 minutes entre les deux écoutes. Après la deuxième écoute, vous aurez encore 2 minutes pour compléter vos réponses.

Répondez aux questions, en cochant la bonne réponse, ou en écrivant l'information demandée.

1. C'est la proposition :

☐ de la programme pour les adultes pendant les vacances de Noël.

☐ de la programme pour les personnes plus âgées pendant les vacances de Noël.

☐ de la programme pour les femmes mariées pendant les vacances de Noël.

2. Modeste Moussorgski est :

☐ un footballeur russe.

☐ un musicien russe.

☐ un acteur russe.

3. <C'est pas sorcier> est l'émission qui explique le magie :

☐ Vrai

☐ Faux

☐ On ne sait pas

4. C'est la chaîne ______ qui passe l'émission <C'est pas sorcier> :

☐ deux

☐ trois

☐ quatre

5. Qui est l'auteur de ≪Drôles de petites bêtes≫?

☐ Modeste Moussorgski

☐ Antoon Krings

☐ Aurélie Kieffer

6. ≪Contes de la mère poule≫ est un film pour les enfants plus de :
   - ☐ Un
   - ☐ Deux
   - ☐ Trois

7. ≪Comptines du jardin d'Eden≫ est le titre du concert pour les enfants.
   - ☐ Vrai
   - ☐ Faux
   - ☐ On ne sait pas

8. Pendant combien de jour ce programme dure-t-il?

   ____

해 석

En cette première semaine des vacances de Noël, nous avons eu envie de vous faire découvrir des nouveautés culturelles pour les enfants... Aurélie Kieffer vous présente ses coups de coeur :

Lundi 19 décembre : le livre-CD ≪Les tableaux d'une exposition≫, qui met à la portée des plus jeunes la musique du compositeur russe Modeste Moussorgski.

Mardi 20 décembre : le jeu vidéo ≪C'est pas sorcier≫, inspiré de l'émission diffusée tous les jours sur France 3 qui explique la science aux enfants. Depuis leur camion-laboratoire, Fred et Jamy doivent résoudre une mystérieuse disparition.

Mercredi 21 décembre : le livre-CD ≪L'orchestre d'Odilon le Grillon≫. Une histoire qui met en scène les célèbres ≪Drôles de petites bêtes≫ dessinées par Antoon Krings.

Jeudi 22 décembre : le DVD ≪Contes de la mère poule≫, qui présente des films d'animation iraniens pour les petits dès 2 ans.

Vendredi 23 décembre : le livre-CD ≪Comptines du jardin d'Eden≫ qui rassemble des comptines juives du monde entier.

[크리스마스 방학 첫 번째 주일에 우린 당신께 아이들을 위한 문화적 측면에서 독창적인 것을 발견할 수 있도록 해주길 바랍니다... 오렐리 키에페가 당신에게 그의 진심어린 추천 프로그램을 소개합니다 :

12월 19일 월요일 : <러시아 작곡가인 모데스트 무쏘르스키의 음악이 곁들인 어린아 이들을 위한 <전시회 작품들>이라는 책-씨디.

12월 20일 화요일 : 아이들에게 과학을 설명하는 프랑스 3에서 매일 방영되는 방송에 영감을 얻은 비디오 게임인 <그것은 어려운 것이 아니에요>. 실험실을 갖춘 트러에서 프레드와 제미는 신비하게 사라지는 것을 해결해야 합니다.

12월 21일 수요일 : 책-씨디 <오디옹 르 그리옹의 오케스트라>. 안툰 크링스가 그린 유명한 <이상한 조그마한 짐승들>를 상영한 이야기.

12월 22일 목요일 : 2살부터의 아이들을 위한 이란 만화영화를 소개하는 DVD인 <엄마 암탉의 이야기>.

12월 23일 금요일 : 전 세계에 있는 유태인들의 셈노래를 모은 <에덴 정원의 셈노래>

Franc-Info, Une sélection d'idées cadeaux pour les enfants, 26 août 2006

주요사항

1. 단수와 복수의 의미가 다른 명사들

단 수	복 수
le ciseau [끌, 정]	les ciseaux [그네]
un effet [결과]	des effets [의류]
la lunette [망원경]	les lunettes [안경]
la vacance [빈자리]	les vacances [방학, 휴가]

2. 복합명사의 수

1) 하나의 단어와 같은 철자로 구성된 복합명사의 경우 끝에 복수형 어미가 붙는다.

le pourboire [팁] – les pourboires

le portemanteau [외투걸이] – les portemanteaux

2) 분리된 복합명사의 경우

a) 명사 :

- 명사+품질형용사 : 두 단어가 다 변한다.
  - le coffre-fort [금고] - les coffres-forts
  - la carte postale [우편엽서] - les cartes postales
- 명사+명사 : 두 명사가 다 변한다.
  - le bateau-mouche [센느강 유람선] - les bateaux-mouches
  - le chou-fleurs [양배추] - les choux-fleurs
- 명사+명사에서 두 번째 명사가 첫 번째 명사의 보어 기능을 하는 경우 앞에 명사만 변한다.
  - le chef de gare [역장] - les chefs de gare
  - le sac à main [손가방] - les sacs à main
  - le timbre-poste [우표] - les timbres-poste

b) 형용사 :

- 형용사+형용사 : 둘 다 변한다.
  - le sourd-muet [농아] - les sourds-muets
  - le clair-obscur [명암배치] - les clairs-obscurs

c) nouveau, premier, dernier+과거분사 : 둘 다 변한다.

- le nouveau-venu [맨 먼저 온 사람] - les nouveaux-venus
- le premier-né [첫 아이] - les premiers-nés

d) 동사+명사

- 명사가 이미 복수형태인 경우 그대로 둔다.
  - le compte-gouttes [기름치는 기구] - les comptes-gouttes
- 명사가 단수인 경우

* 셀 수 있는 명사인 경우 명사만 복수
  - un cure-dent [이쑤시개] - des cure-dents
  - un tire-bouchon [병마개따개] - des tire-bouchons

* 추상명사 혹은 셀 수 없는 물질명사의 경우 불변
  - un abat-jour [차양] - des abat-jour
  - un faire-part [통지서] - des faires-parts

e) 불변하는 단어 (부사, 전치사)+명사 : 명사만 복수

un avant-poste [전초] – des avant-postes

f) 고정된 표현 : 불변

des tête-à-tête [대면] des va-et-vient [왕복]

des laissez-passer [통행허가증]

정 답

1. C'est la proposition :

[이것은 _______ 제안이다]

☐ de la programme pour les adultes pendant les vacances de Noël.
[크리스마스 휴가 동안 성인을 위한 프로그램에 대한]

☒ de la programme pour les enfants pendant les vacances de Noël.
[크리스마스 휴가 동안 나이 든 사람들을 위한 프로그램에 대한]

☐ de la programme pour les femmes mariées pendant les vacances de Noël.
[크리스마스 휴가 동안 결혼한 여인들을 위한 프로그램에 대한]

2. Modeste Moussorgski est :

[모데스트 무쏘르스키는 ______이다]

☐ un footballeur russe. [러시아 축구선수]

☒ un musicien russe. [러시아 음악가]

☐ un acteur russe. [러시아 영화 배우]

3. <C'est pas sorcier> est l'émission qui explique le magie :

[<이것은 어려운 것이 아니다>는 마술을 설명하는 방송이다]

☐ Vrai

☒ Faux

☐ On ne sait pas

4. C'est la chaîne ______ qui passe l'émission <C'est pas sorcier> :

[이것은 어려운 것이 아니다> 방송을 내보는 것은 ____채널이다]

☐ deux

☒ trois

☐ quatre

5. Qui est l'auteur de ≪Drôles de petites bêtes≫?
   [<이상한 조그마한 짐승들>의 작가는 누구인가>
   - ☐ Modeste Moussorgski
   - ☒ Antoon Krings
   - ☐ Aurélie Kieffer

6. ≪Contes de la mère poule≫ est un film pour les enfants plus de :
   [<엄마 암탉의 이야기>는 ____이상의 아이들을 위한 영화이다]
   - ☐ un
   - ☒ deux
   - ☐ trois

7. ≪Comptines du jardin d'Eden≫ est le titre du concert pour les enfants.
   [<에덴 정원의 셈노래>는 아이들을 위한 콘서트 제목이다]
   - ☐ Vrai
   - ☒ Faux
   - ☐ On ne sait pas

8. Pendant combien de jour ce programme dure-t-il? 5 jours.
   [이 프로그램은 몇 칠이나 지속되는가?]

Partie 2

Compréhension des écrits

Exercice 1

Lire pour s'orienter

Vous vous intéressez beaucoup à la bijouterie et vous voulez chercher une école ou un institut. Comme vous ne connaissez personne en France, vous aimeriez demander un logement qui se lie avec l'école ou l'institut. En ce qui conercerne le frais de scolarité, il vous faut moins de 4,000 euros par année. Vous hésitez entre les deux organismes suivants:

	Institut de bijouterie de Saumur
L'activité	Depuis plus de 25 ans, l'Institut de Bijouterie de Saumur poursuit son développement pour se positionner aujourd'hui comme l'un des pôles de formation en bijouterie les plus importants de France.
Nos moyens pédagogiques	– REPARATION DE BIJOUX – INITIATION A LA FABRICATION DE BIJOUX – DESSIN DE BIJOUX
Logement	Beaucoup de foyers disponibles : maisons d'accueil, partements.
Frais de scolartié	3800 euros par année scolaire

	L'Ecole Privée de la Bijouterie Joaillerie
L'information générale	Créée en 1864, l'Ecole est le plus ancien établissement de formation aux métiers d'art. Située près de la Place Vendôme, elle a pour objectif affirmé la formation aux métiers de la bijouterie et de la joaillerie.
Formation	Ils se déroulent en suivant le calendrier scolaire de l'Académie de Paris, du lundi au vendredi, de 8 h à 17 h avec une interruption de 12 h à 13 h.
Logement	Il est remis, sur demande des parents, une liste de foyers parisiens susceptibles d'accueillir leurs enfants
Frais de scolartié	BMA 1ère et 2ème année : 4 520 euros par année scolaire

Pour chacun des centres de langues, et pour chacun des critères proposés, mettez une croix (X) dans la case <convient> ou <ne convient pas>.

	Institut de bijouterie de aumur		L'Ecole Privée de la Bijouterie Joaillerie	
	Convient	Ne convient pas	Convient	Ne convient pas
Logement				
Excursion				

해 석

Vous vous intéressez beaucoup à la bijouterie et vous voulez chercher une école ou un institut. Comme vous ne connaissez personne en France, vous aimeriez demander un logement à l'école ou l'institut. En ce qui conercerne le frais de scolarité, il vous faut moins de 3500 euros par année. Vous hésitez entre les deux organismes suivants:

[당신은 보석 세공에 대해 관심이 많고 학교나 기관을 찾기를 원합니다. 프랑스에 아는 사람이 없기 때문에 학교나 기관에 숙소를 요구하길 원합니다. 학비의 경우 일년에 3500프랑을 넘지 않았으면 합니다. 당신은 다음 두 기관 사이에서 망설이고 있습니다 :

	Institut de bijouterie de Saumur
L'activité	Depuis plus de 25 ans, l'Institut de Bijouterie de Saumur poursuit son développement pour se positionner aujourd'hui comme l'un des pôles de formation en bijouterie les plus importants de France. [25년 이상 소뮈르 보석세공학교는 오늘날 프랑스에서 가장 중요한 보석세공에 대한 교육의 최고기관 중 하나로 자리 잡기 위해 발전을 계속하고 있습니다]
Nos moyen pédagogiques	- REPARATION DE BIJOUX [보석 수선] - INITIATION A LA FABRICATION DE BIJOUX [보석가공 입문] - DESSIN DE BIJOUX [보석 디자인]
Logement	Beaucoup de foyers disponibles : maisons d'accueil, appartements. [많은 숙소가 있습니다 : 가정집, 아파트]
Frais de scolartié	3800 euros par année scolaire [1년에 4500유로]

	L'Ecole Privée de la Bijouterie Joaillerie
L'information générale	Créée en 1864, l'Ecole est le plus ancien établissement de formation aux métiers d'art. Située près de la Place Vendôme, elle a pour objectif affirmé la formation aux métiers de la bijouterie et de la joaillerie. [1864년에 생겨난 우리 학교는 예술과 관련된 직업교육기관 중 가장 오래된 곳입니다. 방돔광장 근처에 위치해 있는 학교는 보석과 보석세공에 관련된 직업교육을 목표로 하고 있습니다]
Formation	Ils se déroulent en suivant le calendrier scolaire de l'Académie de Paris, du lundi au vendredi, de 8h à 17h avec une interruption de 12h à 13h. [수업은 파리 아카데미의 학습일정을 준수하는데 월요일부터 금요일까지 12시에서 13시까지의 휴식시간과 함께 8시부터 17시까지입니다]
Logement	Il est remis, sur demande des parents, une liste de foyers parisiens susceptibles d'accueillir leurs enfants [부모님의 요청이 있는 경우 자식들을 받아줄 파리에 있는 숙소 목록이 준비되어 있습니다]
Frais de scolartié	BMA 1ère et 2ème année : 4520 euros par année scolaire [BMA 1학년과 2학년 : 일년에 4520유로]

주요사항

1. depuis+시간의 표현 (숫자, 부사, 날짜, 사건)

J'habite à Paris	depuis	trois ans. [3년 전부터]
		longtemps. [오래전부터]
		le 6 juillet. [7월 6일부터]
		la mort de ma femme. [나의 아내가 죽은 후부터]

2. il y a+시간의 표현 (숫자, 부사)+que

Il y a	trois mois	que	j'habite à Paris. [내가 파리에 산지 3개월 (오래)이다]
	longtemps		

3. ça fait+시간의 표현(숫자, 부사)+que

Ça fait	un ans	que	j'habite à Paris. [내가 파리에 산지 1년이다]
	peu de temps		[내가 파리에 산지 얼마 되지 않았다]

4. voilà+시간의 표현 (숫자, 부사)+que

Volià	un ans	que	j'habite à Paris.
	peu de temps		

depuis..., il y a ... que, ça fait ... que와 il y a는 뒤에 오는 동사의 시제에 따라 구분될 수 있다. 즉, 앞의 세 표현들의 경우 행위가 아직 끝나지 않은 경우를 나타내며 동사가 현재시제인 반면, il y a의 경우 행위가 완료된 상태를 나타내고 따라서 동사의 시제가 복합과거를 사용하게 된다 :

Il y a deux heures, il a regardé la télé. [두시간 전에, 그는 TV를 봤다]

Il regarde la télé depuis deux heures.	[그는 두 시간 전부터 TV를 보고 있다]
Il y a deux heures qu'il regarde la télé.	
Ça fait deux heures qu'il regarde la télé.	

정 답

	Institut de bijouterie de Saumur		L'Ecole Privée de la Bijouterie Joaillerie	
	Convient	Ne convient pas	Convient	Ne convient pas
Logement	X		X	
Frais	X			X

Exercice 2

Lire pour s'informer

Autriche : un enfant retrouvé 8 ans après

Natascha Kampusch avait disparu en 1998 alors qu'elle se rendait à l'école. Elle avait 10 ans. Elle a été retrouvée hier dans un jardin, à Vienne.

Une jeune fille qui avait disparue il y a plus de huit ans en Autriche a été retrouvée dans le nord-est de Vienne mercredi 23 août, a rapporté l'agence de presse autrichienne APA. La jeune fille de 18 ans a été retrouvée dans un jardin, à Vienne, et a déclaré être Natascha Kampusch, selon la police, citée par une télévision autrichienne. Elle a ensuite été identifiée par des proches, a déclaré le directeur du bureau fédéral d'investigation, Herwig Haidinger. Natascha Kampusch avait disparu le 2 mars 1998 alors qu'elle se rendait à l'école. Elle avait alors 10 ans. Sa disparition avait entraîné de vastes recherches, jusque dans la Hongrie voisine, et affecté tout le pays. Elle était intervenue à un moment où l'Europe était sous le choc de l'affaire Dutroux, du nom du Belge Marc Dutroux, accusé de viols et de meurtres sur des jeunes enfants. La jeune femme qui, malgré sa pâleur, serait en bonne santé physique, a dit à la police qu'elle s'était échappée d'une maison située dans un village proche de Vienne où elle avait été séquestrée dans un garage depuis son enlèvement. L'agence APA rapporte que, selon la police, rien n'indique que la jeune femme ait subi des violences sexuelles. Elle a affirmé que son ravisseur l'autorisait à sortir de façon occasionnelle, pour des marches en sa compagnie. Elle avait vraisemblablement accès aux journaux, à la télévision, à la radio et à des livres. Le garage était équipé d'un lit et d'une penderie(...)

Analyses ADN, NOUVELOBS.COM | 24.08.06 | 18:18

1. C'est un article sur :
   - ☐ un enfant qui est mort il y a 8 ans.
   - ☐ un chien retrouvé.
   - ☐ un enfant qui a été enlevé il y a 8 ans.

2. Citez :
   a) APA est :
   ____

   b) les actes de Natascha Kampusch étaient plutôt libres :
   ____

   c) L'affaire Dutroux :
   ____

3. Cochez la bonne réponse :

   1) Le ravisseur de Natascha Kampusch ne l'a pas autorisée à sortir.
      - ☐ Vrai
      - ☐ Faux
      - ☐ On ne sait pas

   2) Elle était :
      - ☐ complètement malade.
      - ☐ en bonne santé physique.
      - ☐ très fatiguée physique.

   3) La jeune femme a subi des violences sexuelles.
      - ☐ Vrai
      - ☐ Faux
      - ☐ On ne sait pas

해 석

Autriche : un enfant retrouvé 8 ans après

Natascha Kampusch avait disparu en 1998 alors qu'elle se rendait à l'école. Elle avait 10 ans. Elle a été retrouvée hier dans un jardin, à Vienne.

Une jeune fille qui avait disparue il y a plus de huit ans en Autriche a été retrouvée dans le nord-est de Vienne mercredi 23 août, a rapporté l'agence de presse autrichienne APA. La jeune fille de 18 ans a été retrouvée dans un jardin, à Vienne, et a déclaré être Natascha Kampusch, selon la police, citée par une télévision autrichienne. Elle a ensuite été identifiée par des proches, a déclaré le directeur du bureau fédéral d'investigation, Herwig Haidinger. Natascha Kampusch avait disparu le 2 mars 1998 alors qu'elle se rendait à l'école. Elle avait alors 10 ans. Sa disparition avait entraîné de vastes recherches, jusque dans la Hongrie voisine, et affecté tout le pays. Elle était intervenue à un moment où l'Europe était sous le choc de l'affaire Dutroux, du nom du Belge Marc Dutroux, accusé de viols et de meurtres sur des jeunes enfants. La jeune femme qui, malgré sa pâleur, serait en bonne santé physique, a dit à la police qu'elle s'était échappée d'une maison située dans un village proche de Vienne où elle avait été séquestrée dans un garage depuis son enlèvement. L'agence APA rapporte que, selon la police, rien n'indique que la jeune femme ait subi des violences sexuelles. Elle a affirmé que son ravisseur l'autorisait à sortir de façon occasionnelle, pour des marches en sa compagnie. Elle avait vraisemblablement accès aux journaux, à la télévision, à la radio et à des livres. Le garage était équipé d'un lit et d'une penderie(...)

[오스트리아 : 8년 후에 되찾은 아이

나타샤 캠푸슈는 1998년 학교에 가던 중 사라졌다. 그녀는 10살이었다. 그녀는 어제 비엔나에 있는 공원에서 발견되었다. 오스트리아에서 8년 전에 사라졌던 어린 소녀가 8월 23일 수요일 비엔나의 북-동쪽에서 발견되었다고 오스트리아 신문지 APA가 보도했다. 경찰에 따르면 비엔나의 한 공원에서 발견된 18살의 젊은 여자가 나타샤 캠푸슈라고 오스트리아 TV가 보도했다. 그녀는 곧 친인들에 의해 신원이 확인되었다고 연방수사국 책임자인 헤르윅 하이딩게가 발표했다. 나타샤 캠푸슈는 1998년 3월 2일

학교에 가던 중 사라졌는데 당시 나이가 10살이었다. 그녀의 실종은 이웃 나라 헝가리까지 대대적인 수색으로 이어졌고 온 나라를 뒤흔들었다. 그녀는 유럽이 마크 뒤트루라는 이름의 벨기에 남가가 어린 아이들에 대한 성폭행과 살인범으로 고소당한 뒤투르 사건의 충격에 휩싸였을 시기에 발견되었다. 이 젊은 여인은 창백하지만 육체적으로 건강상태는 좋아 보였다고 경찰은 밝혔는데 그녀는 경찰에게 자신이 납치된 후부터 차고 안에서 지냈던 비엔나 근처의 마을에 있는 집에서 도망쳐 나왔다고 말했다. APA는 경찰에 따르면 이 어린 소녀가 성폭행을 당했다고 입증할 만한 그 어느 것도 없었다고 보도했다. 그녀는 납치범이 가끔 걷기 위해 자신과 동행하여 외출하는 것을 허용했다고 말했다. 그녀는 신문과 TV를 보았고 라디오를 듣고 책을 읽었다고 말했다. 차고에는 침대와 벽시계가 있었다.]

Analyses ADN, NOUVELOBS.COM | 24.08.06 | 18:18

주요사항

1. 과거분사의 형태

		원 형	과거분사
1군 동사	-é	aimer [좋아하다]	aimé
		chanter [노래하다]	chanté
		manger [먹다]	mangé
2군 동사	-i	finir [끝내다]	fini
		choisir [선택하다]	choisi
		grossir [살찌다]	grossi
3군 동사	-s	prendre [잡다]	pris
	-é	aller [가다]	allé
	-i	sortir [외출하다]	sorti
	-u	boire [마시다]	bu
		attendre [기다리다]	attendu

3. 관계절의 의미

주절과 종속절 사이의 관계는 항상 동일한 것은 아니며 때로는 설명적이거나 아니면 제약적이다.

1) 설명적 관계절

주절의 의미를 변화시키지 않고 삭제되어질 수 있는 관계종속절을 설명적 관계절이라고 일컫는데, 이 절 앞 뒤에는 ,를 넣는다. ,는 관계절 앞 뒤에 위치하여 이 절이 부수적인 정보를 나타내는 것임을 알려주는 기능을 한다.

Arrêté par la police, le cambrioleur, qui a été mis les menottes, commençait à avouer son crime.
[경찰에 체포되어 수갑을 찬 강도는 자신의 범죄를 자백하기 시작했다]

위 문장에서 관계절인 qui a été mis les menottes를 삭제한다고 하더라도, 문장의 기본적인 의미는 변하지 않는다.

2) 제한적 관계절

주절의 의미에 변화를 주는 관계절로서, 선행사와 관계사 사이에 , 의 부재는 이들의 관계를 더욱 강하게 한다.

Tous les gens qui ont le permis de conduire peuvent avoir le droit de conduire la voiture.
[운전면허증을 가진 모든 사람들은 자동차를 운전할 권리를 갖는다]

위 문장에서의 의미는 [운전면허증을 가지고 있는 사람만이 운전을 할 권리가 있다]는 의미인 반면 관계절인 qui ont le permis de conduire를 삭제한 경우 [모든 사람들이 운전을 할 권리가 있다]는 의미가 된다.

정 답

1. C'est un article sur : [이것은 ________에 관한 기사이다]
   - ☐ un enfant qui est mort il y a 8 ans. [8년 전에 죽은 아이]
   - ☐ un chien retrouvé. [되찾은 개]
   - ☒ un enfant qui a été enlevé il y a 8 ans. [8년전에 납치되었던 아이]

2. Citez :

a) APA est :

l'agence de presse autrichienne

b) les actes de Natascha Kampusch étaient plutôt libres :

son ravisseur l'autorisait à sortir de façon occasionnelle, pour des marches en sa compagnie. Elle avait vraisemblablement accès aux journaux, à la télévision, à la radio et à des livres.

c) L'affaire Dutroux :

du nom du Belge Marc Dutroux, accusé de viols et de meurtres sur des jeunes enfants.

3. Cochez la bonne réponse :

1) Le ravisseur de Natascha Kampusch ne l'a pas autorisée à sortir.
[나타샤 캠푸슈 납치범은 그녀가 외출하는 것을 허락하지 않았다]

☐ Vrai
☒ Faux
☐ On ne sait pas

2) Elle était : [그녀는

☐ complètement malade. [완전히 아팠다]
☒ en bonne santé physique. [육체적으로는 건강했다]
☐ très fatiguée physique. [육체적으로 매우 피곤했다]

3) la jeune femme a subi des violences sexuelles.
[젊은 이 여인은 성폭행을 당했다]

☐ Vrai
☒ Faux
☐ On ne sait pas

Partie 3

Production Ecrite

◆ Essai

À votre avis, quels ont été le ou les changements les plus importants des vingt dernierès années dans votre pays? Quels sont ceux qui ont été positifs ou ceux qui ont été négatifs selon vous? Vous écrivez un texte construit et cochant sur ce sujet (160-180 mots).

해 석

Il est vrai qu'il y a beaucoup de changements ces dernières années dans mon pays. Surtout, la pollution de l'environnement a provoqué des dégâts graves dans le pays entier. On peut observer le climat anormal partout. Maintenant, le problème d'environnement se lie étroitement non seulement à la vie d'être humain, mais aussi à celle des animaux. Dans le cas de mon pays, il y avait une augmentation considérable des véhicules dans ces dernières années et ça devient l'un des éléments décisifs à la pollution d'environnement. Nous devons trouver la solution le plus vite possible pour résoudre ce problème, car il s'agit de la vie ou la mort à l'avenir prochain.

[내 나라에서 최근에 많은 변화가 있었던 것은 사실이다. 특히 환경오염은 나라 전체에 심각한 피해를 유발했다. 우린 어디에서나 비정상적인 기후를 관찰할 수 있다. 이제 환경 문제는 단지 인간의 삶 뿐 아니라 동물들의 생존과도 밀접하게 연관되어 있다. 내 나라의 경우, 최근 차량의 엄청난 증가가 있었고 이것은 환경오염의 결정적 요인들 중에 하나가 되었다. 우린 이 문제를 해결하기 위해 최대한 빨리 해결책을 찾아야 하는데 왜냐하면 이것은 다음 미래의 삶과 죽음에 관한 것이기 때문이다]

주요사항

1. 관계절에서의 동사의 시제

1) 직설법 (l'indicatif)

가장 많이 사용되어지는 시제로서, 행위나 상태가 진행되어지는 것을 연대적으로 위치시킨다 :

L'ordinateur que **j'utilise en ce moment** est un modèle ancien.
[내가 지금 사용하고 있는 컴퓨터는 구형이다]
Le cinéma que **j'ai vu hier** était assez intéressant.
[내가 어제 봤던 영화는 재미있었다]
L'ami dont **je t'avais parlé il y a quelques années** a acheté cette maison. [몇년전에 너에게 말을 했던 그 친구가 이 집을 샀어]

2) 조건법 (le conditionnel)

종속 관계절이 가정의 의미를 포함하고 있는 경우, 조건법을 사용할 수 있다.

Je connais une jeune infirmière **qui peut prendre soin de sa santé.**
[나는 그의 건강을 돌볼 수 있는 젊은 여 간호사를 알고 있어]
Je connais une jeune infirmière **qui pourrait prendre soin de sa santé.**
[나는 그의 건강을 돌볼 수도 있는 젊은 여 간호사를 알고 있어]

첫 번째 문장의 경우 확실한 정보에 근거를 두고 있는 반면, 두 번째 문장은 일정한 가정(누군가가 그녀를 필요로 한다면, 혹은 그녀가 시간이 된다면 등)을 전제로 하고 있다.

2. 고유명사의 성(Le genre des noms propres)

1) 국가를 나타내는 고유명사의 성 : -e로 끝나면 여성이고, 그렇지 않으면 남성.

la Corée [한국]	la Chine [중국]	la France [프랑스]
le Japon [일본]	le Canada [캐나다]	l'Italie [이탈리아]
l'Angleterre [영국]	Cuba [쿠바]	le Brésil [브라질]

Cambodge [캄보디아], Mozambique [모잠빅], Mexique [멕시코]는 예외.

2) 도시를 나타내는 명사의 경우 : 주로 남성형으로 취급된다.

Paris est grand [파리는 크다]

Séoul est actif. [서울은 활동적이다]

국가를 나타내는 명사의 경우, 대부분 정관사 le, la를 동반하는데, 예외적으로 관사를 동반하지 않는 것들이 있다 :

Israël [이스라엘], Cuba [쿠바], Madagascar [마다가스카]

3) 배를 나타내는 고유명사들

전함, 낚시배 : 원래 이름의 성	le Jaguar [재규어호], la Jeanne d'Arc [잔다르크호]
상선, 유람선 : 남성	le France, le Flandre

4) 비행기를 나타내는 고유명사들

- 프랑스어의 보통명사로 이루어지면서 항공기의 이름인 경우, 이 명사의 성을 유지

  la Caravelle (예외 : le concorde)

- 외래어 명사의 경우, 남성 : Un Boeing [보잉]

5) 자동차를 나타내는 고유명사들

승용차 : 여성	une Jaguar [재규어], une Citroën
트럭 : 남성	un Citroën

Partie 4

Production Orale

◆ Consignes

Cette épreuve d'expression orale comportera 3 parties qui s'enchaîneront, et durera entre 10 et 15 minutes. Pour la 3e partie seule, le candidat dispose de 10 minutes de préparation. Cette préparation a lieu avant le déroulement de l'ensemble de l'épreuve.

Exercice 1 – Entretien informel

Présentation générale (2 à 3 minutes)
Parler de soi, de ses activités, de ses centres activités. Parler de son passé, de son présent et de ses projets. Cette épreuve permettera a ussi de mettre le candidat à l'aise en parlant de lui. Elle se déroule en interaction sur le mode d'un entretien informel entre le candidat et l'examinateur qui amorcera le dialogue par une question du type :

l'examinateur :

Parlez-moi de vos passe-temps préférés?

Le candidature :

해 석

Il y a plusieurs jeux que j'aime beaucoup. Récemment, j'ai commencé à apprendre la magie avec la carte et c'est magnifique. Mon ami m'a invité au spectacle de la magie il y a un mois et j'ai été fasciné par les magies incroyables.

Surtout, la magie avec la carte n'avait pas l'air très difficile à apprendre, alors j'ai décidé de l'apprendre et ça fait deux semaines que j'ai commencé. J'ai appris 3 trucs à peine mais j'aime de plus en plus cette magie. J'ai fait la magie devant ma famille hier soir après avoir dîné et tout le monde a été étonné par ma magie de la carte. Je voudrais continuer à l'apprendre si le temps me permet. Je vous conseille aussi de l'apprendre et je suis sûr que vous l'aimerez beaucoup.

[내가 좋아하는 여러 가지 게임이 있습니다. 최근에 나는 카드로 하는 마술을 배우기 시작했는데 아주 재미있습니다. 한달 전에 내 친구가 마술 구경에 초대했는데 믿을 수 없는 마술에 의해 나는 매료되었습니다. 특히 카드로 하는 마술은 배우기에 그다지 어려운 것 같지 않아서 그것을 배우기로 결심했고 내가 시작한 지 2주가 됐습니다. 나는 겨우 3가지의 기술을 배웠지만 점점 더 이 마술을 좋아하게 됩니다. 나는 어제 저녁식사 후 식구들 앞에서 마술을 했는데 모두 내 카드 마술에 놀랐습니다. 나는 시간이 허락되면 마술을 계속 배우고 싶습니다. 또한 당신도 마술을 배울 것을 권하는데 당신도 그것을 아주 좋아할 것이라고 확신합니다]

주요사항

1. 화 법 (1)

1) 직접화법

말을 하는 화자가 누군가가 했던 말을 단순히 되풀이하는 방식으로 : 와 ≪ ≫으로 구분된다 :

Il m'a dit : ≪Je t'aide.≫

[그는 내게 말했다 : ≪내가 얼마나 너를 찾았는데.≫

2) 간접화법

보어의 형태와 도입 동사에 관련하여 간접적인 방식으로 표현하는 화법이다.

Il m'a dit qu'il m'aidait. [그는 나를 돕겠다고 내게 말했다]

직접화법의 문장에서 주절의 동사의 시제가 직설법, 미래 또는 조건법인 경우 간접화법으로 바뀌었을 때 동사의 시제에는 변화가 없다. 반면, 주절의 동사가 과거 시제인 경우 직접화법에서 간접화법으로 바꿀 때 보어절의 시제에 변화가 생긴다. 간접화법을 유도하는 동사에는 다음과 같은 것들이 있다

a) 명령법 → 부정법 (l'infinitif)

Il m'a ordonné : ≪Pars immédiatement.≫
[그는 내게 명령했다 : <즉시 떠나>]
→ Il m'a ordonné de partir immédiatement.

b) 동사의 시제변화

① 현재 → 반과거

Il a dit : ≪Je suis content de ce résultat.≫
[그는 말했다 : <이 결과에 만족해>]
→ Il a dit qu'il était content de ce résultat.

② 복합과거 → 대과거

Il a avoué : ≪J'ai commis une erreur.≫
[그는 자백했다 : <내가 잘못을 했어>]
→ Il a a voué qu'il avait commis une erreur.
[그는 대답했다 : <나 파리에 막 도착했어>]
→ Il a répondu qu'il venait d'arriver à Paris.

③ 단순미래 → 조건법 현재

Il a annoncé : ≪Je reviendrai bientôt.≫
[그는 말했다 : <곧 돌아올게>]
→ Il a annoncé qu'il reviendrait bientôt.

④ 전미래 → 조건법 과거

Il a dit : ≪Je reviendrai quand j'aurai terminé le travail.≫
→ Il a dit qu'il reviendrais quand il aurait terminé le travail.

⑤ 근접미래 (aller+동사의 원형) → aller의 반과거+동사의 원형

Il a dit : ≪Je vais acheter une voiture.≫

→ Il a dit qu'il allait acheter une voiture.

c) 인칭의 변화

① 주절에서 간접목적보어 인칭대명사가 1인칭 (m', nous)

- 종속절의 주어가 2인칭인 경우 (Tu, vous) : Tu → je, Vous → nous

Il m'a dit : ≪Tu travailles beaucoup.≫

→ Il m'a dit que je travaillais beaucoup.

Il nous a dit : ≪Vous travaillez beaucoup.≫

→ Il nous a dit que nous travaillions beaucoup.

- 종속절의 주어가 1인칭인 경우 (Je) → il

Il m'a dit : ≪Je cherche un appartement.≫

→ Il m'a dit qu'il cherchait un appartement.

② 주절에서 간접목적보어가 3인칭인 경우 (à son ami, ses étudiants..)

- 종속절의 주어가 1인칭인 경우 (Je)- il

Il a dit à son ami : ≪Je cherche un appartement.≫

→ Il a dit à son ami qu'il cherchait un appartement.

- 종속절의 주어가 2인칭인 경우 (Tu, Vous) - il, ils

Il a dit à son ami : ≪Tu travailles beaucoup.≫

→ Il a dit à son ami qu'il travaillait beaucoup.

Il a dit à ses étudiants : ≪Vous travaillez beaucoup.≫

→ Il a dit à ses étudiants qu'ils travaillaient beaucoup.

Exercice 2 – Exercice en interaction

Au choix par tirage au sort :

Sujet (3 à 4 mn)

Faire face à une situation inhabituelle.

Votre ami a eu un accident de voiture et vous arrivez à l'hôpital mais le parking était complet. Alors, vous avez garé la voiture dans la rue en allumant le signal d'urgence. Vous êtes revenu de votre voiture et vous avez vu que la pervenche était en train de noter l'immatriculation de votre voiture. L'examinateur joue le rôle de la pervenche.

해석

Faire face à une situation inhabituelle.

Votre ami a eu un accident de voiture et vous arrivez à l'hôpital mais le parking était complet. Alors, vous avez la garé la voiture dans la rue en allumant le signal d'urgence. Vous êtes revenu de votre voiture et vous avez vu que la pervenche était en train de noter l'immatriculation de votre voiture.

L'examinateur joue le rôle de la pervenche.

Sujet (3 à 4 mn)

[당신 친구가 자동차 사고를 당했고 당신은 병원에 도착하지만 주차장이 만원이었습니다. 그래서 당신은 비상등을 켜놓은 채 자동차를 거리에 세워놓았습니다. 당신이 차로 돌아오니 주차원이 당신의 자동차 번호를 적고 있었습니다. 감독관이 주차원의 역할을 할 것입니다]

– Attendez, madame! Ça fait à peine quelques minutes que j'ai garé la voiture ici.
[잠깐만요! 내가 여기에 차를 주차시킨지 겨우 몇 분밖에 되지 않았어요]

– Vous savez bien qu'il est interdit de stationner ici!
[이곳에 주차하는 것이 금지라는 것을 당신도 잘 알잖아요!]

– Oui, je le sais, mais mon ami est à l'hôpital et j'étais trop pressé pour le voir. Je n'avais pas trouvé la place pour garer la voiture alors ...
[예, 알아요 하지만 내 친구가 병원에 있어서 그를 급하게 봐야 했거든요. 자동차를 주차시킬 만한 자리를 발견하지 못해서 ...]

– Écoutez monsieur! Chaque fois que je donne une amende à quelqu'un, il a toujours des excuses.
[이것 보세요! 내가 누군가에게 딱지를 뗄 때마다 항상 핑계가 있거든요]

– Vous exagérez quand même. D'ailleurs, je travaille à l'Hôtel de Ville de Paris.
[그래도 너무했습니다. 게다가, 나는 파리 시청에 근무하고 있어요]

– Et alors? Ça ne change de rien même si vous y travaillez. Vous aurez dû respecter la loi plus que les autres personnes, n'est-ce pas?
[그래서요? 당신이 그곳에서 일을 한다고 해도 변하는 것은 아무 것도 없어요. 당신은 다른 사람들보다 더 법을 준수해야만 했어요, 안 그래요?]

– Il n'y a pas de règles sans exceptions. [예외 없는 규칙은 없잖아요]
– Si. Surtout, il faut bien respecter la règle routière parce qu'il s'agit de la vie ou de la mort.
[있어요, 특히 교통질서는 잘 지켜야 하는데 왜냐하면 그것은 사느냐 죽느냐에 관한 것이거든요]

– Bon! Faites ce que vous voulez! De toute façon, je ne paierai pas l'amende avant l'élection présidentielle.
[좋아요! 당신이 원하는 대로 하세요! 어쨌든, 대통령 선거 전까지 벌금을 내지 않을 것이니까요]

주요사항

1. 간접화법에서의 간접의문문

인칭대명사와 소유형용사의 변화, 시제의 변화는 간접화법과 동일하다.

1) 간접의문문을 유도하는 동사들

<table>
<tr><th></th><th></th><th colspan="2">전체의문</th><th>부분의문</th><th></th></tr>
<tr><td>demander</td><td>savoir</td><td colspan="2" rowspan="2">si</td><td>où</td><td rowspan="4">주어+동사</td></tr>
<tr><td>vouloir savoir</td><td>s'informer</td><td>quand</td></tr>
<tr><td></td><td></td><td>Qu'est-ce que</td><td>ce que</td><td rowspan="2">comment</td></tr>
<tr><td></td><td></td><td>Qu'est-ce qui</td><td>ce qui</td></tr>
</table>

– 전체 의문

- si를 사용하는 경우

Il m'a demandé : ≪Tu travailles beaucoup?≫
→ Il m'a demandé si je travaillais beaucoup.

Il a demandé à son ami : ≪Tu travailles beaucoup?≫
→ Il a demandé à son ami s'il travaillait beaucoup.

Il m'a demandé : ≪Est-ce que vous allez-bien?≫
→ Il m'a demandé si j'allais bien.

Il a demandé à ses amis : ≪Est-ce que vous allez-bien?≫
→ Il a demandé à ses amis s'il allaient bien.

• ce qui, ce que를 사용하는 경우

Il m'a demandé : ≪Qu'est-ce que tu fais?≫
→ Il m'a demandé ce que je faisais.

Il a demandé à son ami : ≪Qu'est-ce que tu fais?≫
→ Il a demandé à son ami ce qu'il faisait.

Il m'a demandé : ≪Qu'est-ce qui se passe?≫
→ Il m'a demandé ce qui se passait.

– 부분 의문

Il m'a demandé : ≪Où vas-tu?≫
→ Il m'a demandé où j'allais.

Il a demandé à son ami : ≪Où vas-tu?≫
→ Il a demandé à son ami où il allait.

Il m'a demandé : ≪Pourquoi pars-tu?≫
→ Il m'a demandé pourquoi je partais.

Il a demandé à son ami : ≪Pourquoi pars-tu?≫
→ Il a demandé à son ami pourquoi il partait.

Exercice 3

Sujet No 1 Préparation : 10 minutes

Objectifs :
– Identifier un sujet de discussion à partir d'un texte déclencheur.
– Donner son opinion et en débattre avec l'examinateur.

Consigne
Vous dégagerez le thème soulevé par le document ci-dessous. Et vous présenterez votre opinion sous la forme d'un petit exposé de 3 minutes environ. L'examinateur pourra vous poser quelques questions.

300 personnes commémorent l'incendie du boulevard Vincent Auriol lefigaro.fr (avec AFP).

Vêtues de blanc, 300 personnes ont participé samedi à Paris à une marche en hommage aux victimes de l'incendie du boulevard Vincent Auriol, mortes il y a un an. Les familles des victimes, les habitants du quartier et les membres des associations qui se sont créées à la suite du drame ont défilé en silence.

Au devant du cortège, parti de la mairie du XIIIe arrondissement, des enfants se tenant par la main portaient des T-shirts à l'effigie des enfants morts dans l'incendie. Cinq cercueils recouverts d'un drap blanc, portés par des membres des familles des victimes, ouvraient la marche. ≪Leurs vies brûlées sont nos brûlures, 17 vies, 14 enfants partis en fumée, pourquoi? Combien encore de morts sans réponses?≫, pouvait-on lire sur des banderoles.

(AFP/J. Ayissi) le 26 août 2006 : 19h49

해 석

300 personnes commémorent l'incendie du boulevard Vincent Auriol lefigaro.fr (avec AFP).
[300명이 벵쌍 로리올 거리의 화재를 추모했다.]

Vêtues de blanc, 300 personnes ont participé samedi à Paris à une marche en hommage aux victimes de l'incendie du boulevard Vincent Auriol, mortes il y a un an. Les familles des victimes, les habitants du quartier et les membres des associations qui se sont créées à la suite du drame ont défilé en silence.

Au devant du cortège, parti de la mairie du XIIIe arrondissement, des enfants se tenant par la main portaient des T-shirts à l'effigie des enfants morts dans l'incendie. Cinq cercueils recouverts d'un drap blanc, portés par des membres des familles des victimes, ouvraient la marche. ≪Leurs vies brûlées sont nos brûlures, 17 vies, 14 enfants partis en fumée, pourquoi? Combien encore de morts sans réponses?≫

[하얀 색의 옷을 입은 300명의 사람들이 토요일 파리에서 일년전 벵쌍 오리올 거리의 화재로 희생당한 사람들을 추모하는 거리 행진에 참여하였다. 희생자의 가족들, 이 지역 주민들과 이 비극이 일어난 직 후 만들어진 연합회원들이 침묵 속에서 행진을 하였다. 13구 시청에서 출발한 장례행렬 앞에는 손에 손을 잡은 아이들이 화재로 숨진 아이들의 초상화가 그려진 티셔츠를 입었다. 희생자들의 가족들로 구성된 위원들이 들은 흰색기로 덮혀진 5개의 관이 행렬의 시작을 알렸다. <이들의 타버린 인생은 우리들의 화상이요, 17의 생명과 14명의 아이들이 화염 속으로 사라졌습니다, 왜? 대답 없는 얼마의 많은 희생자가 더 있어야 합니까?>]

A :

Tout le monde sait que l'incendie est une catastrophe terrible. Mais ce qui est plus regrettable, c'est qu'on peut faire la prévention si on fait plus attention à l'utilisation du feu, du gaz ou de l'électricité. Il se produit aussi trop de dégâts matériaux par l'incendie. Personne ne peut être assuré du danger de l'incendie. Le meilleur moyen de s'échapper de l'incendie, c'est la précaution.

[모든 사람들이 화재는 끔찍한 재난이라는 것을 압니다. 하지만 더욱 안타까운 것은 불, 가스 또는 전기의 사용에 좀 더 신경을 쓴다면 예방을 할 수 있다는 것입니다. 화재로 인한 많은 물질적 피해도 발생합니다. 어느 누구도 화재의 위험으로부터 안전하지는 않습니다. 화재를 피하는 가장 좋은 방법은 예방입니다.]

Q : Vous avez déjà vécu ce genre de l'expérience sur l'incendie?
[당신은 화재에 대한 이런 종류의 경험을 이미 겪은 적이 있습니까?]

A : Heureusement non. Mais j'ai un copain qui était victime de l'incendie. Il a perdu ses parents à cause de l'incendie.
[다행이도 아닙니다. 하지만 화재의 피해자였던 친구가 있습니다. 그는 화제로 인해 부모님을 잃었죠.]

Q : Qu'est-ce qui s'est passé? [무슨 일이 있었습니까?]

A : La cause principale de cette catastrophe était une fuite du gaz.
[이 재난의 주원인은 가스 누출이었습니다.]